世界は逆転する！

仮想通貨サービス・ICOで世界を変える

ロジャー・バー／兼元謙任／松田元

ICO GO

創藝社

はじめに

仮想通貨がこの世に登場し、今まさに世界の経済に大きな影響を与え始めています。

今までの通貨は、他人の銀行口座に一〇〇〇円を振り込むのに、五〇〇〇円以上の手数料を取られることもありました。

一方で、仮想通貨なら、ほとんど無料に近い手数料で、世界中どこの誰にでも送金することができます。

少額の経済的価値を抵抗なくスムーズに送れる。仮想通貨は、人類が初めて所持し、今まで味わったことのない感覚の支払いや受け取りを体験することになる、新形態のお金です。

このような新しいデジタル通貨を支えているのが、ブロックチェーンという革命的なテクノロジーです。

かつて、コンピュータは、この世の中に革命を起こしました。人間には全く不可能な速度で正確に計算し、やがて、文書処理や描画、音声、動画など、様々な表現活動をデジタル上で行えるようにしました。データの編集やコピーも簡単になりました。

もともとは軍事技術だったインターネット。それは、世界中の人々を仮想の空間上でつなげて、新たな形のコミュニケーションを可能にする情報革命をもたらし、そして、スマートフォンによってインターネットの大衆化が実現しました。

この次に、世界を大きく変えるのは、人工知能（ＡＩ）でしょうか。それとも、仮想現実技術（ＶＲ）でしょうか。確かに、これらは将来の人間社会に新たな価値を生み出すでしょう。ただ、ＡＩやＶＲは、昔の私たちでも十分に想像できる枠内のテクノロジーでした。様々なＳＦ小説や映画にも描かれています。

一方で、これまでの私たちが全く想像すらできなかった画期的な技術があります。それが「ブロックチェーン」なのです。

ブロックチェーンは簡単に言うと、デジタルデータの編集やコピーを事実上、不可能にする技術です。（コピーしたとしても、そのことがどこまでも追跡できるからです）

ひとたびブロックチェーン上に生成されたデータを、勝手に改ざんすることはできません。たとえば、今までは官公庁や企業などが書面で大切に保管するようにしていた、契約書や保険証書、会計帳簿、不動産登記、裁判証拠、投票用紙なども、ブロックチェーン上に記録すれば、世界中のどこからでもインターネットで容易にやりとりでき、正確に高速処理し、しかも優れたセキュリティを確保させることができるのです。私たちの生活をより便利で安心できるものへと大きく改善させていく潜在力があります。

二十世紀に、パソコンやインターネットが世の中に出回り始めた時点で、「これらが人類の生活を根底から変える」と気づくことができた人は、ごく少数のはずです。

パソコンやインターネットの凄さが少しでも理解されるためには、文章やイラストを手軽に作れる、誰でも世界へ向けて情報発信できる、などといった具体的な「使いみち」をお伝えしなければなりません。

現時点でのブロックチェーンも、そのような「あまりにも画期的すぎて、凄さが理解されづらい」立場にあると考えています。まずは、ブロックチェーンの具体的な使いみちについて知っていただきたいのです。

皆さんは、ビットコインのことをご存知でしょうか。仮想通貨（暗号通貨）という目に見えないデジタルのお金の先駆けです。二〇〇八年に「サトシ・ナカモト」という（正体不明の）日本人がネット上で発表した論文において、その構想が記されており、翌二〇〇九年に初めて実用化されました。

ただ、大半の方は二〇一四年に発覚した「マウントゴックス事件」（ビットコイン取引所代表者の業務上横領容疑がかけられている刑事事件）で、その名を知ったでしょうから、どうしても怪しくて危険なイメージが先行しがちです。しかし、ビットコインに罪はありません。

ビットコインにもブロックチェーン技術が使われています。よって、誰から誰の口座へ、いくら渡ったのかが、二〇〇九年から全て記録されています。しかも、その取引記録を後で変えることはできないため、仮想通貨を盗んだり横領したりすることもできません。

ビットコインで脱税をしても発覚する可能性が高く、追跡技術を駆使すればマネーロンダリング（犯罪収益の洗浄）の手段として使ったり、テロ資金として提供することもできなくなっていくでしょう。

仮想通貨は目に見えないので、うさんくさく感じられる方も多いでしょう。しかし、ブロックチェーンで裏づけられている以上、むしろ現金よりも遥かに不正行為が難しいお金なのです。

さらにいえば、仮想通貨は、銀行や証券会社など、従来型の金融機関の役割を大きく揺るがしかねないほどの破壊的なイノベーションです。特に通貨危機・金融不安がある国の人々にとって、仮想通貨の存在が救いとなりえます。

そして今、ＩＣＯ（Initial Coin Offering：イニシャル・コイン・オファリング／新規仮想通貨公開）という仕組みが稼働を始め、ビジネスの世界も大きな変革が始まっています。

本書を読んでいただき、仮想通貨の影響で世の中がどう変わろうとしているのか？　少しでも感じていただけたら幸いです。

目次

◆はじめに …… 03

第一章　明日から話せるＩＣＯの基礎知識

ＩＣＯって何？ …… 14
こんなにある！　ＩＣＯのメリット …… 18
・プロジェクト実行者にとってのメリット …… 18
・日本国内で主要な仮想通貨取引所 …… 21
・投資家にとってのメリット …… 23
いろんなジャンルで普及しつつあるＩＣＯ …… 25
・日本の事例 …… 26
・世界の事例 …… 28

ＩＣＯの基本的な流れ 32
ＩＣＯは「ＩＰＯ」ではない。相互補完的なもの 37
ＩＣＯと、「ベンチャーキャピタル」の違い 40
ＩＣＯは「クラウドファンディング」に近いが、やっぱり違う 42
ＩＣＯは、「詐欺」なのか? 43
・このＩＣＯは詐欺かも? チェックポイント 47
ＩＣＯを成功させるためには 48

第二章　なぜICOは、この世界を変えるのか

ブロックチェーンを組みこんだトークンの強み 52

資金調達が自動化・透明化され、信頼感が増すＩＣＯ……54
ブロックチェーンとＡＩがコラボする……58
これからは、複数のＩＣＯが「合併」する……61
知る人ぞ知る、ブロックチェーン先進国……64
ＩＣＯは「地域通貨」になり得る……66
第三章　ＩＣＯの信頼を支える新技術「スマートコントラクト」
値動きの激しい仮想通貨は、通貨として使えないか？……70
「カレンシー型」と「アセット型」……72
人間の不正を、自動的に排除する仕組み……75

ＩＣＯで注目の仮想通貨「イーサリアム」とは？……76
イーサリアムは、まだまだ本気を出していない……79
日本発信の「スマートコントラクト搭載」通貨……81
ビットコインにスマートコントラクト機能を付けられないのか……85

第四章　仮想通貨とＩＣＯの可能性を求めて

オウケイウェイヴが、ＩＣＯ事業に参入したきっかけ……90
本来、セキュリティを前提につくられていないインターネット……97
現代のウェブ検索エンジンは、中央集権的である……99
個人のニーズに合った問題解決を、ブロックチェーンで実現……102
心が温まるＩＣＯプラットフォームへ……105

◆対談企画　仮想通貨とＩＣＯに対する思いと未来展望……110
◆インタビュー企画　ロジャー・バー氏 特別インタビュー……146
◆あとがき……168

第一章

明日から話せるＩＣＯの基礎知識

ＩＣＯって何？

まず、ＩＣＯについてまだよくわからないという方のために、ＩＣＯについて簡単に説明していきます。

ＩＣＯとは、資金調達をしたい企業や事業プロジェクトが、独自の仮想通貨（トークン）を発行・販売し、資金を調達する手段のことを指します。

ＩＰＯ（新規公開株式）にならって、ＩＣＯは「新規仮想通貨公開」と訳されることもあります。しかし、いままでＩＰＯをメインとして活動して来た投資家には、まだまだ興味がないという人も多いと思います。

まだ法整備がされていませんし、何より形がないので怪しいものと捉えられがちですが、今後、仮想通貨の環境が整ってくれば、ＩＰＯよりも手軽なＩＣＯは、企業やプロジェクトの資金調達の主流になっていくことが考えられます。

ＩＰＯには、ブックビルディング期間という申し込み期間があります。ＩＣＯにも「クラウドセール」という投資期間が設けられており、このクラウドセール中だけＩＣＯに参加することができます。

ＩＣＯを行うと、トークンが売り出された直後に、数倍、数十倍の価格上昇が起きる場合があるため、その暴騰に期待して、人気があるＩＣＯに買いが集まりやすくなります。これは未公開株の上場後の値上がりを見込んで、投資家の買いが集まるのに似ています。

ＩＣＯをする企業は、世界中の投資家から資金を集める必要があるので、ホームページなどは英語で書かれている必要があります。日本語で書かれているホームページはまずない、と言ってもいいでしょう。英語が不得手の人は、翻訳機能付きのブラウザを選択して利用する方がいいでしょう。

ＩＰＯは会社が上場するために証券会社を通して投資家に株式を売り出しますが、ＩＣＯでは少し違います。

仮想通貨には、証券会社のような仲介企業がないので、基本的には、仮想通貨の開発元がそのまま売り出しを行います。そもそも仮想通貨は仲介業者をすっ飛ばせるというのもメリットの一つなので、仲介業者を挟んでいたら意味がありません。

また、仮想通貨を利用しておこなうので、簡単に世界中のＩＣＯに参加することができることができるのも特徴です。

ＩＣＯの場合、投資してくれるクリプト（仮想通貨）の量に対して、その分のトークンを発行する形が基本です。

発行されるトークンの量は、上限が決まっている「アセットタイプ」や、無限に発行される通貨「カレンシータイプ」の２種類があります。

ちなみにＩＰＯの場合で考えると発行数が決まっているので、アセットタイプということになります。ＩＰＯ投資家の方は、こちらの方が理解しやすいかもしれません。

アセットタイプのＩＣＯでは、投資割合に対してトークンが配分される仕組みなので、どのくらいのトークンが分配されるかは、クラウドセール最終日になってみないとわからない、ということになります。

ブロックチェーン技術が使われているため、ＩＣＯでは取引情報の改ざんができません。当然、企業は粉飾決算などの虚偽報告をすることができません。そのため、企業の信頼感は増しますし、監査法人がチェックを入れる必要もなくなります。

ＩＣＯは、実施する企業の側から見れば、資金調達のための有効な手段です。また、支援者や投資家にとっては、企業が独自発行したトークンの急激な値上がりで、大きなキャピタルゲイン（購入時と売却時の差額）を獲得できる期待感を秘めた、新しい投資銘柄として注目を集めています。

ただ、ＩＣＯは投資というだけでなく、プロジェクトへの「応援」や「寄付」という性質も色濃くもっています。株式と違い、ＩＣＯは持っていても会社からの利益分配金としての「配当」が存在しないからです。

プロジェクトの内容を知った上でＩＣＯのトークンを買うことは、「このプロジェクトの挑戦は失敗しても構わない」「自分のお金は戻ってこなくていいから、このお金をプロジェクト実行費用の一部として使ってほしい」という強い思いの反映だといえます。

ICOで資金調達をおこなう方法

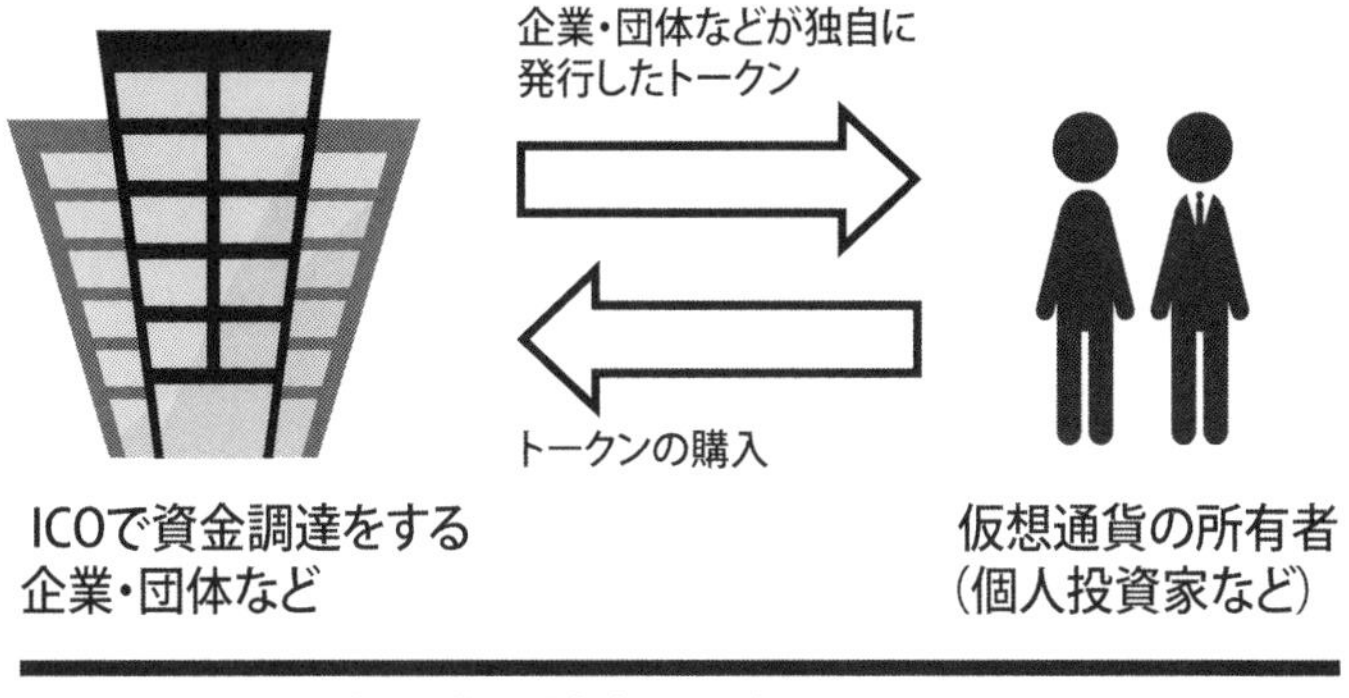

仮想通貨で独自に発行したトークンを購入してもらい、資金調達を行う

こんなにある！　ＩＣＯのメリット

《プロジェクト実行者にとってのメリット》

■中小のベンチャー企業、個人でも発行できる（ＩＰＯではない）

証券会社や証券取引所の関わりが必要なＩＰＯでは、ある程度の規模に成長し、財政基盤や人的基盤がそれなりにしっかりした企業でなければ、上場は認められません。

その点、ＩＣＯは規模が小さい企業でも、持ち前のアイデアやチャレンジ精神によって不利な状況をカバーして、大きな額の調達に成功する望みがあります。

■ＩＣＯの保有者に配当を支払わなくていい（株式ではない）

ＩＣＯに出資してくれた人のために、必ず利益を上げて還元しなければならないというプレッシャーから解放されるのも、これから成長していく生まれたての企業にとってはメリットだといえます。

■ＩＣＯの保有者に会社の支配権を渡さなくていい（株式ではない）

株式は配当を受ける権利であると同時に、会社の所有権の一部を渡す状態ですので、発行済み株式総数の過半数を特定の人物や会社に握られたなら、株主総会でほとんどの議題が、その特定の者による一存で決まってしまいます。よって、どれくらいの割合の株式を市場に流すのかは、慎重で無ければなりません。

その点でＩＣＯは、会社の支配権とは関係ないため、上限数まで何も気にせず、いくらでも発行できます。ＩＣＯは、企業と出資者がお互いに対等でフラットな関係性を維持しながら、プロジェクトが進んでいくものです。

■事業の将来的価値を、具体的に投資家に示さなくていい（ベンチャーキャピタルではない）

ＩＣＯでは配当をする必要がありません。よって、いつまでにどれくらいの時価総額を目指すか、などといった、今後の会社がいかに大きく成長し、価値を高めていくかをアピールする必要もないのです。

ベンチャーキャピタルやエンジェル投資家が出資をためらうようなプロジェクトでも、そこに期待感や社会貢献性、ワクワク感などがあれば、ＩＣＯによって資金調達が成功する可能性があります。ベンチャーキャピタルとＩＣＯホルダーとでは、企業のプロジェクトに期待しているものが異なるからです。

世間で話題になるだけのニュース性があり、一定のファンが付いていると、ＩＣＯでは有利です。

■利息を支払う必要がない（負債ではない）

ＩＣＯで調達した金額は「売上げ」に該当しますので、返済したり利息を支払ったりする必要はありません。プロジェクトの実行のため、大切に使うのみです。

■世界に向けてＩＣＯの価値を訴えることができる（グローバルな拡散）

人類の生活スタイルを一変させ、次の時代へ連れて行ってくれるような、話を聞いているだけでワクワクするプロジェクトは、世界中で話題になりえます。マスコミに採り上げられるだけでなく、ＳＮＳやブログで拡散することもあります。

注目を集めたＩＣＯトークンは、仮想通貨の取引所でも取り扱いが開始されることがあります。

このようにトークンが「上場」したならば、取引も加速していき、プロジェクト自体も注目される期待が高まります。

《日本国内で主要な仮想通貨取引所》

▼ビットフライヤー（Bitflyer）

テレビＣＭを積極的に打ち出していて、一般の人々にも「ビットコインの会社」としての知名度があります。二〇一七年にビットコイン取引高で世界一を達成しており、他の追随を許さないほどの資金力を誇ります。

ビットコインのほか、「イーサリアム」「ライトコイン」「ビットコインキャッシュ」といった世界的に有名な仮想通貨を扱っています。二〇一七年秋には、アメリカ合衆国への進出も果たしました。

▼ザイフ（Zaif）

ＩＣＯプラットフォーム「ＣＯＭＳＡ」を展開していることで知られる、大阪のテックビューロ社が開設した取引所です。ビットコインの取引などで「マイナス手数料」を導入し、取引をするたびに、手数料を取られるどころかわずかに増えるというサービスを提供することで、仮想通貨の普及に努めています。

自らCOMSAトークンでＩＣＯを行い、Zaifトークンという独自通貨を発行していることから、デジタルトークン文化への理解が深い取引所で、他にも取り扱っているトークンの種類が豊富なのも特徴です。

▼コインチェック（coincheck）

ベストセラーとなり映画化もされた人気書籍『ビリギャル（学年ビリのギャルが一年で偏差値を四〇上げて慶應大学に現役合格した話）』の元ネタが投稿された逸話交流サイトの「STORY.JP」を展開していた事業体が、満を持して開設した仮想通貨取引所です。

匿名性の高い取引を可能とする「モネロ（Monero）」「ジーキャッシュ（Zcash）」や、胴元のいないブックメーカー（未来予測ギャンブル）を楽しむために開発された「オーガー（Auger）」、世界中に普及しているプログラム言語のジャバスクリプト（Javascript）で組まれた「リスク（Lisk）」など、個性豊かな仮想通貨を取り扱っています。

▼リミックスポイント

電力小売り事業で、ビットコイン払いに対応しつつ、子会社として、仮想通貨取引所「ビットポイント（BitPoint）」を運営しています。

ビットコイン取引に、FX投資家の間で評価の高いチャートソフト「MT4」を使うことができる、国内唯一の取引所です（二〇一七年一一月現在）。

特別顧問として、金融庁長官を歴任した弁護士を迎えるなど、コンプライアンス面にも万全を期しています。

各種販売店向けに、ビットコイン払いやイーサリアム払いに対応する決済システムを提供するなど、仮想通貨の普及にも努めています。

▼GMOコイン

「GMOクリック証券」「FXプライム」などを展開してきたGMOフィナンシャルホールディングスが、仮想通貨界に進出してできた企業です。厳密な分類としては、仮想通貨の売買を仲介する取引所ではありません。GMOコインとの直接取引によって仮想通貨を手に入れることになります。

《投資家にとってのメリット》

▼ICOの購入も転売も、ネットで決済が完結する（仮想通貨である）

仮想通貨ですから、送金は手軽に行えます。たまに送金が遅れたりすることもありますが、徐々に技術的に改善されていくでしょう。

株式投資であれば、最低でも数十万円など、ある程度のまとまった余裕資金が必要ですので、誰もが気軽に買えるようなものではありません。その点、ＩＣＯであれば、日本円で数百円分、あるいは数千円分からでも購入できる可能性があります。お金儲けだけでなく、純粋に、素朴にプロジェクトを応援したい気持ちを、ＩＣＯに込めることができます。

▼プロジェクトのコミュニティに参加できる（フラットな関係性）

ウェブ上のコミュニティで、プロジェクト実行者とＩＣＯトークン保有者とが、直接対話できるのは、大きな魅力です。ＩＣＯトークンの価値を上げるという動機もありますが、みんなが熱く、懸命になって、プロジェクトの課題や改善策について議論を交わし、取り入れるべき意見をプロジェクト実行者が柔軟に取り入れる雰囲気が生じると、実現したい未来を力強く引き寄せることになるでしょう。

ＩＣＯのオンラインコミュニティでは、「テレグラム（Telegram）」や「スラック（Slack）」というチャットアプリが利用されることが多いです。

（注）ここで記載しているメリットは、法律が明確に定まっていない現在の認識であり、今後、変わっていく可能性はあります。

いろんなジャンルで普及しつつあるＩＣＯ

世界初のＩＣＯは、二〇一三年八月に米国インディーゴーゴー（Indiegogo）のクラウドファウンディングで注目を集めていた、高性能スマートフォン「Ubuntu Edge」の制作販売プロジェクトによるものでした。

ＩＣＯによる資金調達の世界総額は、二〇一五年当時で三九〇〇万ドル（約四六億八〇〇〇万円）でしたが、二〇一七年は七月までの段階で十三億七七〇〇万ドル（約一五二八億円）に達し、急成長を遂げています（米仮想通貨情報サイト「コインデスク」の統計値）。この勢いは、まだまだ止まらないのでしょう。

ＩＣＯの歴史は、まだ始まったばかりですが、ＩＣＯによる資金調達は、すでに様々な分野へ広がりを見せています。

いくつかの事例を挙げてみましょう。

【日本の事例】

「ALIS」は、ウェブ上に書かれた記事に、読者からの支持が集まれば、仮想通貨（ALISトークン）での報酬を受け取れるという、ブロックチェーンに裏づけられた新しいコンテンツプラットフォームです。画期的なのは、記事への支持を表明した読者にも、ALISトークンが支払われるという点です。

ウェブでは、ライターが記事を書いて依頼主から原稿料をもらう、あるいは自分のブログにウェブ広告を貼らないと収益が出せない、という「当たり前」が覆されるしくみだといえます。出版社や新聞社の業務と競合するシステムなのですが、むしろ出版社がALISを活用して、たとえば雑誌や書籍のＰＲに用いる使い方もできそうです。

ＩＣＯを実行する際に、「もし目標額を達成できなければ、出資を全額返還する」と、スマートコントラクト上に書き込んだことも、ALISプロジェクトの信頼性を高めたと考えられます。スマートコントラクトは、プログラム上に書き込んだ取引条件を満たしたときに自動的に執行する仮想通貨の機能のひとつです。

ALISは、二〇一七年九月一日にＩＣＯを実行したところ、たった四分で一億円が集まるという驚異的な注目度を見せました。

「AMPLE!」は、世界中のコスプレイヤーが思い思いに写真を投稿して交流する、コスプレ専用SNSです。衣装や小物のクオリティの高さはもちろんのこと、写真でのポーズや構図、さらに体型維持などにも細心の注意が払われています。アニメや映画、ゲームなどの様々な世界観を一枚で表現する総合芸術ともいえるかもしれません。

そんなプロ級ともいうべき屈指のコスプレイヤーでも、収入は厳しいもののようです。そこで、「AMPLE!」はICOを実施し、ICOトークンとして「AMPLE!コイン（ACO）」を発行。これをファンの間などで流通させ、グッズの購入やイベント参加の決済手段として利用されることで、コスプレイヤーの活動経費をまかない、「職業」として成り立つよう後押しするといいます。

愛知県名古屋市にある「サンタルヌー」は、ベルギービール専門のダイニングバーですが、早い段階からビットコイン以外にも複数の仮想通貨による決済を行っていて、世界的にも知る人ぞ知る存在です。そのサンタルヌーが東京進出のためのICOを始めて、見事に成功を収めました。飲食店によるICOが成功を収めた世界初の事例です。

一般的に、ブロックチェーンと直接関係ない事業では、ICOでの支持が得られにくい傾向があり、リアル店舗の飲食店はその典型です。しかし、「サンタルヌー」は、飲み代の支払いに仮想通貨を積極的に採り入れていた点で、世界各地にいる仮想通貨に関心がある層から注目され、根強い支持を集めていました。その際だった特色がICO成功の鍵だったといえるでしょう。ICOトークンにあたる「SAT（Sant Arnould Tokyo）」は、もちろんサンタルヌー店内で使え、一定数以上のSAT保有者には割引特典もあるそうです。

また、オフショア開発事業の株式会社セームページが、海外業者などと提携して推進している「手ぶら観光協会」は、荷物を預かったり運んだりすることを請け負う個人事業者と観光客を結びつけるウェブサービスの提供についてICOを実施しています。旅行者がスーツケースなどの重い荷物を長距離にわたって持ち運ぶストレスから解放することで、実質的な観光に割ける時間を増やし、観光者だけでなく、観光地の人々にとってもメリットのある提案といえるでしょう。

手ぶら観光協会のICOで発行されるトークンは、仮称で「Tebura トークン」と名付けられています。国境を超えるたびに外貨両替をする必要がなく、荷物の配送や預かりなどの仕事に対する報酬をトークンで支払えるようにするものと構想されています。

【世界の事例】

たとえば、「MobileGo（モバイルゴー）」というICOがあります。コンピュータゲームの上に、ブロックチェーンの技術を盛り込むというプロジェクトです。つまり、ゲームの中で獲得した得点などが、ビットコインやイーサリアム、あるいは米ドルに交換できる可能性があるため、ゲームの得点を普段の買い物にも使えるようになるのです。テレビ画面の中の世界と日常とを、仮想通貨で結びつけるのですから、ゲームだけで生活する人も次々に現れそうです。「MobileGo」は、日本円換算で約五〇億円を調達し、今では約一四〇〇のゲーム会社が参入に名乗りを上げ、盛り上がりを見せています。

「VLB」は、自動車メーカーや修理工場、レンタカー会社、自動車損保会社、廃車工場なども含めて、自動車業界全体をブロックチェーンで繋いで、この繋がりを「自動車ライフサイクル」として、どの自動車がどんな状況にあるかを透明化する、ロシア発のプロジェクトのＩＣＯです。

自動車産業は、世界で年間およそ二〇〇兆円を稼ぎ出していると言われており、非常に巨大な市場です。この「自動車ライフサイクル」が実現すれば、計り知れない社会的影響を及ぼすと考えられます。自動運転が全盛の時代になろうとも、自動車自体はなくならないでしょう。

「CRYPTO20」は、世界で初めて、管理者のいない「仮想通貨版の投資信託事業」を展開するＩＣＯトークンです。その時々の時価総額で上位二〇種の仮想通貨に代理で投資します。日本の取引所で取り扱いがない、海外産の通貨にも投資できる気軽さが注目を集めています。

仮想通貨、特にビットコインは値動きが激しく、投資に慣れていない人は大きな損失を被るおそれがあります。また、高騰する気配がまったくないけれども、何らかの思い入れがあるＩＣＯトークンに一点張りして、損切りできないこともよくあります。

その点、「CRYPTO20」では、二〇種類の仮想通貨を有利に組み合わせて、顧客に変わって投資のプロフェッショナルが運用を行います。ポートフォリオのバランスは毎週見直され、常に元本割れのリスクがありますが、仮想通貨は気になっていたけれども躊躇してきた投資初心者の方にとっても、本格的に資産運用を始められる環境が整うことでしょう。

経費としては、年間〇.五％の手数料が徴収されるのみで、そのほかのサービスは無料という点も画期的です。

「REGA」は、ブロックチェーン上に構築された保険コミュニティのＩＣＯです。Crowd（群衆）とInsurance（保険）を掛け合わせた「Crowdsurance」を提唱し、契約関係がブロックチェーンで書き込まれるスマートコントラクト技術によって、保険会社が不要で、加入者がお互いに助け合う「互助会」のような保険を作ろうとしています。どうやら、ブロックチェーン保険は「温故知新」のユニークな形となりそうです。

これまで、リスク管理に関する情報やノウハウなどを保険会社が独占的に扱ってきたため、保険加入者は高額の保険料を支払ってきましたが、ブロックチェーン保険のコミュニティには保険会社が存在せず、必要最小限度の保険料を負担すれば、様々な生活リスクに対抗できることになります。

大幅なコストカットによって消費者の費用負担が軽くなるメリットがあります。

もっとも、世の中の急激な変化が苦手な方も少なくありません。「ブロックチェーンは、よくわからないし、なんとなく冷たい感じがする」「お気に入りの保険外交員としゃべるのが楽しい」という方は、保険会社のサービスを購入するのでしょう。しばらくは、併存関係が続いていくのではないでしょうか。

（注）以上、採り上げたＩＣＯ事例は、今後のプロジェクトの完遂を保障するものではありません。

この他にも、すでにたくさんのＩＣＯが実施されています。

ＩＣＯは、「世間でなかなか理解されにくい新ビジネス」について、地球上の七〇億人を巻き込みながら、共同作業で創り上げていく営みなのです。一万人のうち、たとえ九九九九人が「興味なし」の状態でも、残り一人が強烈に支持し、熱い口コミを広げてくれれば、その向こうに成功が見えてくる可能性もあるでしょう。

いかがでしょうか。ワクワクしてきませんか。

では、あなたの企業が仮にＩＣＯを行うなら、どのような手続きを踏むといいのでしょうか。

ＩＣＯの基本的な流れ

ＩＣＯトークンは、ＩＣＯプラットフォームを経て発行されます。人気が出たものは仮想通貨取引所に「上場」されて盛んに取引される流れとなります。

株式の世界になぞらえるなら、ＩＣＯプラットフォームは、株式上場準備のサポートをする証券会社に近い役割を果たすのです。

ＩＣＯを発行する際には、ＩＣＯプラットフォームの広報力を借りて、プロジェクトの存在を知らしめ、より多くの公衆にＩＣＯを購入してもらうよう働きかけることができます。その代わり、ＩＣＯで調達できた事業資金のうち、３～５％程度を手数料としてプラットフォーム側に支払うのが通常です。

ＩＣＯ発行までの手順は、おおむね以下の通りです。

（1）ホワイトペーパー（白書）の作成

ＩＣＯによる資金調達で実行したいプロジェクトについて、実行者が文章などで説明します。株式で言うと、「投資目論見書《もくろみ》」のようなものです。プロジェクトの内容、関わる人物、プロジェクトによって世の中をどう変えたいか、資金使途の内訳、なぜ仮想通貨建てで資金調達したいのか、といった解説を盛り込みます。

分量は自由で、数百ページに及ぶものもありますが、ＩＣＯに出資する人々の労力を考えて、できるだけ簡潔にわかりやすく書くことが求められます。

（注）法的拘束力のある投資ではないため、ＩＣＯトークンを購入する当事者、個人は全て自己責任で行うよう心がけてください。

（2）協力者を確保する

一般にはあまり知られていませんが、世の中には「投資家コミュニティ」が世界各地に存在します。特にＩＣＯへの関心が強い投資家コミュニティに加入してメンバーとコミュニケーションを取ることができると、ＩＣＯの協力候補者を確保でき、成功へ一歩近づくことができます。

最新のデジタル技術であるＩＣＯですが、結局は「ミートアップ」と呼ばれる、対面でのリアルな繋がりが成否を分けるのですから面白いです。企業経営者の情熱や人柄などの属人的要素が、ＩＣＯ投資の最終的な決め手となるのは、従来型の投資と変わりません。

（3）プレトークンの発行（プレセール・プレICO）

ＩＣＯトークンの先行予約販売のようなものです。つまり、まだＩＣＯですらない段階です。仮想通貨の前払いを受けることができます。

通常は、本販売であるクラウドセール（後述）よりも安く購入できる設定にして、より多くの出資者の誘引を目指します。

一トークンあたり、仮想通貨建てではいくらで、どれだけの数量を発行するのか（総発行枚数、初回発行枚数）を設定します。ＩＣＯは無限に発行することもできるのですが、会社（ＩＣＯ発行体）が、ある程度の枚数を確保しておいてＩＣＯ価格の乱高下が起きすぎないよう、需給関係について責任を持って管理できる態勢を整えておくことも、ＩＣＯの信頼確保のために重要です。

（4）トークンの発行（クラウドセール）

正式にＩＣＯトークンが投資者に付与されます。この段階まできて初めて、「ＩＣＯを実行した」といえます。

トークンの仮想通貨取引所の取扱開始（上場）

せっかくＩＣＯで発行したトークンですから、仮想通貨取引所で売買の取り扱いをしてもらえるよう申請しましょう。より多くの投資家の目に触れるようになります。ＩＣＯトークンの価値の向上も期待できます。

日本の仮想通貨取引所の中でも、ザイフ（テックビューロ社）はトークンを多く扱っています。

その他、ビットフライヤー、コインチェック、ビットポイント（リミックスポイント社）などの取引所でも、今後はトークンの取り扱いが広がっていくことが期待されています。

他にも海外の取引所で取り扱ってもらえる可能性もあります。

ＩＣＯプラットフォームの担当者に相談してみましょう。

（5）ホワイトペーパーの実行

最初にホワイトペーパーで公的に宣言した内容で、プロジェクトを実行します。プロジェクトが予定よりも大幅に遅れたり、内容が大幅に変わったりした場合には、ＩＣＯの取引価格にも変動が生じるおそれがあります。ＩＣＯ保有者に向けて誠実に説明責任を果たすべきでしょう。

このように、ＩＣＯの流れを順を追って見ていくと、「結局、やっていることは株式会社の上場と変わらない。何が違うんだ？」と感じている方もいらっしゃるかもしれません。

では、改めて考えてみます。ＩＣＯとは何なのでしょうか。資金調達なら、他にも方法はあるにもかかわらず、なぜ、今、あえてＩＣＯでなければならないのでしょうか。

ＩＣＯとよく比較されがちなもの、ＩＣＯに似ているものと見比べながら、ひとつずつ検討してまいります。

ＩＣＯは「ＩＰＯ」ではない。相互補完的なもの

よく比較されるＩＣＯとＩＰＯですが、どちらも資金調達の手段である点は同じです。出資者は、出資によって得た権利を、他の欲しい人に売却することができます。そのため、企業は出資を受けた資金を基本的に出資者へ戻す必要がなく、経済的基盤を安定させながら、大きく事業を展開することができるようになります。

このように、ＩＰＯとＩＣＯはかなりの部分が重なり、共通点が多いです。そして、二〇〇九年から日本では株券が廃止され、株式がデジタル化されていますから、ますます両者の性質は似かよってきました。

しかし、企業が事業資金を調達するため、ＩＰＯでは「株式」を発行し、ＩＣＯは「仮想通貨」を発行するという、根本的な違いがあります。

また、ＩＣＯにはＩＰＯにない特徴もいくつか見られます。

現時点での特徴を見ていきましょう。

《誰でも買える》

ＩＰＯで、未公開株の購入の仮予約（ブックビルディング）をするには、証券会社が実施する「抽選」に当たらなければなりませんが、ＩＣＯは基本的に制限なく誰でも購入できます。

《配当が不要》

会社が得た利益を株主へ分配する必要があるＩＰＯと違い、ＩＣＯで資金調達した会社は、出資者に利益を分配する必要はありません。というよりＩＣＯで出資者へ配当を出すことは、出資法で禁止されているのです。

《会社の支配権を渡さなくていい》

また、株主の立場は、株主総会での発言権や議題提案権など、会社経営への関与と直結します。一方で、ＩＣＯでの資金調達を行った場合では、株主のような会社支配権限をＩＣＯ保有者に渡す必要がありませんので、その点でも会社経営者にとってはメリットがあります。

《会社は急な成長を目指さなくていい》

ＩＰＯで出資を受けた資金は、事業によって運用し、増やして、株主へ利益を還元することを目指さなければなりませんが、ＩＣＯで出資を受けた資金は「売上げ」になります。つまり、集めた資金を事業に投じた結果、いったん出資金が大きく減ってしまっても、事業が継続する限りは問題にならないのです。新規プロジェクトについて、慌てずじっくりと腰を据えて取り組める点は、会社がＩＣＯで資金調達するメリットといえるでしょう。

ＩＰＯだと、利益をあげられない会社は株主総会で手厳しく批判されるかもしれませんが、ＩＣＯではそのような心配がないのです。特に1年目から黒字を出すほうが難しい新規事業にとってＩＣＯは、ＩＰＯと比べても圧倒的なメリットがあります。より安心して資金調達できるのではないでしょうか。

ＩＣＯでの資金調達は、利益分配をしなくていい代わりに、そのＩＣＯの人気を高めてユーザー数を増やし、売買が盛んに行われることでＩＣＯの取引価格を高めることこそが、出資者への利益還元になるといえます。

ＩＣＯは、必ずしもＩＰＯを脅かす存在ではありません。両者はお互いに、棲み分けすることが十分に可能なのです。

ＩＣＯと、「ベンチャーキャピタル」の違い

ベンチャーキャピタルから出資を受けるのも、資金調達の有効な手段です。

ベンチャーキャピタルは、ベンチャー企業などの新規事業に投資をする代わりに、その会社の株式を早めに取得し、会社を証券取引市場に上場させることで、株式の価値を引き上げて大きなキャピタルゲインを得ようとする企業です。

個人で同様の投資行為をする資産家を、エンジェル投資家と呼ぶこともあります。

しかし、ベンチャーキャピタルにとって、まだ海のものとも山のものともしれない新規事業への投資は「ハイリスク・ハイリターン」です。会社はかなりの割合の株式を手渡すわけなので、エンジェル投資家から経営者に対して良くも悪くも口を出されることになったとしても仕方ありません。特定の企業からのスポンサー契約も同様です。

その点、ＩＣＯでは不特定多数の投資家から資金を集めて、しかもＩＰＯ（株式）とは異なり、会社に対する支配権を投資家に渡す必要がありません。そのため、特定の人物からの影響力を排

除し、より自由な意思に基づく経営を行えるメリットがあります。

また、国内のベンチャーキャピタルになかなか理解されず、出資を断られ続けるアイデアでも、世界に目を向けて出資を募れば、中には共感してくれる投資家がいるかもしれません。

かつて日本で開業された、人型ロボット開発のベンチャー企業「シャフト（SCHAFT）」は、国内のベンチャーキャピタルなど、出資の可能性がありそうなところへ片っ端から声をかけ続けたものの、「マーケットがある事業なのかどうか疑問」などと、なかなか話を受け入れてもらえなかったといいます。

しかし、シャフト社は間もなく、グーグルに高額で買収されました。「日本のロボット技術が海外に流出した」との批判の声もありますが、日本国内だけで出資が十分に集まらないのであれば、仕方がないことかもしれません。

同様に、ベンチャーキャピタルが投資をためらうような案件でも、ＩＣＯでは個人の理解者が大勢現れて、成功する事例が出てくるものと期待されています。

ＩＣＯは「クラウドファンディング」に近いが、やっぱり違う

クラウドファンディングは、人々から少額の資金を募集することで、その集まったお金を使ってプロジェクトを実行するウェブサービスです。ＩＣＯと似ていますが、次の点は異なります。

◇クラウドファンディングは人々から現金を集め、ＩＣＯは人々から仮想通貨を集める。
◇日本で普及している「購入型」のクラウドファンディングは、プロジェクトの成果物や主催者からのお礼の品など、「リターン」を人々に返すことになっています。その点では、利益分配をしないＩＣＯと異なる。
◇ＩＣＯは取引できるが、クラウドファンディングで主催者へお金を出した立場は通常、取引の対象ではない。
◇クラウドファンディングは、個人や任意団体でも実施できる。

「ＩＰＯでの上場審査基準を満たさない」

「自慢のアイデアが、ベンチャー企業から見向きもされない」

「かといって、クラウドファンディングでは規模感が足りない」

そんな企業の皆さまも、どうか諦めないでください。

なぜなら、まだＩＣＯという選択肢が残されているのですから。

ＩＣＯは、「詐欺」なのか？

ＩＣＯの仕組みにも、他の投資案件と同様に「詐欺」という言葉がつきまといがちです。特にＩＣＯには、仮想通貨を使った得体の知れないイメージまで追加されますので、余計に怪しまれるかもしれません。

ただ、多くのＩＣＯ案件の中で、仮に一部で詐欺が混じっていたとしても、それはＩＣＯという仕組み自体が悪いわけではありません。「詐欺ＩＣＯ」を実行し、「詐欺トークン」「詐欺コイン」をばらまいた人間が悪いのです。

純粋にプロジェクトを応援したい人にとっては、「詐欺コイン」など掴まされて、期待の裏返しで強い怒りと憎しみの感情が湧くでしょうし、キャピタルゲインに期待して買った投資家も、売り払って損切りせざるをえず、失望させられます。

過去にも実際に、ＩＣＯ詐欺の事例も報告されています。フィリピンで発行された「ノアコイン」は、「フィリピンと日本を『希望の橋』でつなぐ」「フィリピン中央政府の許可を得ている」との触れ文句で、日本で働くフィリピン人が母国へ送金するときにかかる手数料を大幅に安くしたり、個人間での少額融資をスムーズにするなどして、貧富の差を解消することを目指したといいます。

しかし、このノアコイン、実際にはフィリピン政府の関知しないところで進められていたのです。すなわち、出資者に嘘を付いて資金を集めていたことになります。

二〇一七年十月二十七日、金融庁は「ＩＣＯ（Initial Coin Offering）について　～利用者及び事業者に対する注意喚起～」と題して、『トークンは、価格が急落したり、突然無価値になってしまう可能性があります』とともに『詐欺の可能性』も呼びかけています。

金融庁直轄の「金融サービス利用者相談室」は、仮想通貨の関連サービスも含んで相談を受け付けているようです。

注：金融サービス利用者相談室（〇五七〇－〇一－六八一一）

集めた資金を最初から持ち逃げするつもりでＩＣＯを行うのは論外ですが、どうしても予定通りにいかず、途中でプロジェクトを断念せざるをえない場合もあります。ＩＣＯを立ち上げるのは、大半がベンチャー企業ですから、失敗は仕方ありません。もし、果敢にチャレンジした結果としての失敗を「詐欺」だと責め立てるのだとしたら、救いのない世の中であり、悲しい限りです。

失敗プロジェクトのＩＣＯトークンだと、価格も大幅に下がってしまうでしょう。しかし、また再起して挑戦するときにも、再び出資が集まってくる雰囲気があるような、そんな強い魅力のあるプロジェクトなら、きっと今度はうまくいきます。ＩＣＯを通じて、一見すると無謀とも思える斬新なプロジェクトでも、その成功例が増えていくと、もっと面白いプロジェクトが続々と出てくるものと期待されます。

ただ、詐欺に遭うことを警戒し、ＩＣＯへの投資をためらう人々が増えてしまえば、それは大きな社会的損失となります。他の投資などと比べて、ＩＣＯ投資は消費者保護のルールがまだ十分に整備されていませんので、何が起きてもほとんどが自己責任の範囲なのです。

（その代わり、ＩＣＯトークンの価値が短期間で数倍、数十倍になって、大儲けできる希望もあ

ります）

仮想通貨を通貨と法的に認めるなど、日本はこの分野で世界でも先進的な立ち位置にいるはずなのですが、ＩＣＯに関しては法的な位置づけが依然として曖昧なままです。

そもそも、投資家と創業者が対等でフラットな関係において、仮想通貨で資金調達をする営みそのものを、現在の日本の法体系は想定していないのです。

もし、ＩＣＯトークンが有価証券に準ずるものと認められれば、株式投資などで適用されている保護ルールが当てはまることになりますが、そうなるのはまだ先のようです。

この世界で近い将来、ＩＣＯが信頼を獲得するためにも、ＩＣＯ詐欺を未然に防ぐ対策が早急に求められます。たとえば、ＩＣＯプラットフォームが上場審査をする際、プロジェクト実行者の身元確認を実施し、プロジェクトを推進するお金も人材もアイデアもなく、実行の裏付けが何も認められないＩＣＯは中止させるなど、最低限の審査はすべきだと考えます。

ＩＣＯプラットフォームは、新規プロジェクトを何でもかんでも受け入れるべきではありません。何でも受け入れれば儲かるかもしれませんが、長い目で見れば、ＩＣＯの社会的信頼性を毀損する行為です。

プラットフォームが、自主規制としての事前審査を地道に取り組めば、悪意を持ってICOを行おうとする者を牽制し、市場から弾き出すことができます。

もちろん、ICOのトークンを購入する方々にも、プロジェクトに期待して投じた大切な資産を詐欺師に横取りされないよう、細心の注意を払っていただかなければなりません。

《このICOは詐欺かも？　チェックポイント》

- 公式ホームページがない
- ホワイトペーパーが見当たらない（日本語のホワイトペーパーしかない）
- ホワイトペーパーが抽象的で綺麗事が多い（結局なにをやりたいのか不明）
- コミュニティや掲示板が見当たらない
- ICOチームやICO開発者の名前がわからない
- ICOチームの氏名を検索しても、素性がわからない
- セミナーで語られている情報が薄っぺらい（主催者に質問しても曖昧な返答）
- セミナーの場の居心地が悪い（他の客がサクラばかりの可能性）
- 発行されるトークンの値上がりを保証している

ＩＣＯを成功させるためには

　プロジェクトを進める多くの企業が、ＩＣＯの発行を行うにあたって心配することは、「資金調達が本当にうまくいくのか？」という点でしょう。もし、初期段階でＩＣＯの買い手がなかなか集まらなければ、トークンの取引価格も上がらないので、ますます買いが入らないという悪循環が起きてしまうのです。

　よって、ＩＣＯコンサルティング企業やＩＣＯプラットフォームも、世界中の資産家に積極的に働きかけて、これから開始されるＩＣＯの存在をＰＲする支援を行わなければなりません。プロジェクトに対する「応援団」「ファン」のようなメンバーの輪を世界へ広げていければ、ＩＣＯによる資金調達は一気に成功へ近づきます。

　ＩＣＯによる資金調達は、トークンを購入してくれる人を、できるだけ大勢確保できるほど有利になるからです。

その意味でも、もともと商品やサービスの顧客やユーザー、ファンを大勢持っている、一般消費者向け（BtoC）の企業が実施すると、ＩＣＯは手堅く成功できる可能性が高まります。

もちろん、プラットフォームを通じて社会全体にＩＣＯの実施を呼びかけることができますので、対企業向け（BtoB）の事業でも問題はありません。ＩＣＯを行うことによって、新たな顧客やファンを獲得できるチャンスも生まれます。

ＩＣＯを成功させるために一番に問われるのは、そのＩＣＯを通じて、どんなプロジェクトを実現させたいか、その思いが人々に伝わるかどうかです。

プロジェクトの内容としては、仮想通貨などブロックチェーンの技術や利点をふんだんに活かしているＩＴ系の最先端技術に基づく事業が適しており、ＩＣＯで資金調達する上で説得力を帯びてきます。

従来型のメーカーやサービス業などでＩＣＯを行うことも可能ではありますが、「ＩＣＯとかいうのを、やりたいだけ」と見られてしまうかもしれません。目的と手段でチグハグな印象を与えかねないものは避けたほうが賢明です。他の資金調達手段を選ぶほうがいいでしょう。

そのＩＣＯプロジェクトを応援したいと思えば、その人はＩＣＯを持ち続けるでしょう。そうすると市場に出回りにくくなるのでＩＣＯの価値が上がるのです。価値が上がれば、ＩＣＯ保持者への実質的な利益還元（株式でいうところのキャピタルゲイン）にもなりますので、お互いにとっていい相乗効果が生まれます。

ＩＣＯを行うにあたっては、ブロックチェーンに基づく仮想通貨のプログラムを組める技術者の協力を得ることも必須といえます。スマートコントラクトが必要なプロジェクトなら、イーサリアムなど、それに対応する仮想通貨に精通し、思い通りの機能を実装できるだけのハイレベルなエンジニアを仲間に取り込まなければなりません。

つまり、優秀なエンジニアが力を貸したくなるようなプロジェクトになるよう、実現可能性や未来への期待感が十分に伝わってくるホワイトペーパーをつくる必要があります。

ただし、ＩＣＯトークンを作れるＩＴ技術者は不足しています。仮想通貨に限らず、ブロックチェーンに関する新技術を身につけられる専門学校も、これから増えていくでしょう。

今後しばらく、ブロックチェーン技術を使ってプログラムを組めるＳＥは、引く手あまたになるはずです。

第二章 なぜICOは、この世界を変えるのか

ブロックチェーンを組みこんだトークンの強み

本書の冒頭で、「ＩＣＯとＩＰＯの違い」について、「ＩＰＯは株式を発行し、ＩＣＯは仮想通貨を発行する」との相違点をご説明しました。

ただ、「株式か？　仮想通貨か？」という、この形式上の違い、たった一点が、突きつめれば雲泥の差にもなりうることは、あまり知られていません。

ＩＰＯであれば、上場の手続きを進める証券会社や、上場しようとする企業の会計上の正確さなどをチェックする公認会計士や監査法人、コンプライアンス面を確認する弁護士など、多くの専門家人材の叡智を結集しなければなりません。

では、ＩＣＯの手続きに、このような専門家集団が必要でしょうか。ＩＣＯトークンは、ブロックチェーンに紐付けられています。誰が、どれほどの数量のトークンを、いくらで買い、いくらで売ったか、お金の流れはブロックチェーンによって、世界中のコンピュータで分散管理されています。それは、勝手に改ざんしたり消去したりすることが事実上不可能なデジタルデータです。ＩＣＯをめぐるお金の流れについて、不正のしようがなく、すべてガラス張りになっています。
さらに、財務諸表など「台帳」の性格がある書類や、契約書、保険証書は、すべてブロックチェーンに置き換えることができます。スマートコントラクトという契約自動執行機能も使えます。
こうなると、はたして監査法人や弁護士法人などの外部機関がＩＣＯに関わる必要性があるのかどうか、疑問に思えてこないでしょうか。

もし、ＩＣＯを上場しようとする企業が、監査法人や法律事務所のチェックを受けるようになっても、財務諸表などの数字がブロックチェーンで裏づけられていたら、その業務負担は大幅に軽減され、効率化されていくはずです。

見方を変えれば、ＩＣＯトークンは、ブロックチェーンそのもの……だといえるのです。

これからは「そもそも、契約書を紙で管理するなんて、危なっかしい」との考え方が世の中で支配的になっていくのではないでしょうか。もし万が一、火災や津波の被害に遭ったら、契約書を保管していた収納棚ごと、場合によっては家屋ごと失ってしまうおそれがあります。
契約書がなくなっても契約関係は続きますが、契約内容を証明する手段が失われるのです。もし、災害で契約書を紛失したことを、悪意ある相手方が知ったなら、自分の都合のいいように手元の契約書を書き換えてしまうかもしれません。

その点、ブロックチェーンで契約書の内容を管理すれば、そのような一方的な不正ができなくなります。

保険に関しても、ＩＣＯで進めることができます。すでに述べましたように、いざというときに皆で助け合う「互助会」のようなグループのＩＣＯも計画されています。このような互助会ＩＣＯの出現について、保険会社はもしかすると、戦々恐々としているかもしれません。

このように、ブロックチェーンはほぼすべての「台帳」を取り扱うことに大きなメリットを発揮するため、あらゆる分野の事業を根底から変えてしまう可能性を持っています。

資金調達が自動化・透明化され、信頼感が増すＩＣＯ

ＩＣＯで、誰にどれだけのトークンを渡すかは、すべて公開されています。そのプロジェクトがうまく行くかどうかは、ホワイトペーパーが公開しているのですから、投資家がそれを読んで将来性を各自で判断し、ＩＣＯに投資するかどうかを決めればいいのです。

ＩＣＯでは、プロジェクトの計画者が発行したトークンに、人々がお金を払い込みます。そのトークンには、あらかじめ「ここまでプロジェクトが進んだら、続いてのプロジェクト実行のため、ＩＣＯをこれだけ現金化していい」などのプログラムを組むことができます。

そのようなスケジュール管理をも、プロジェクト関係者の内輪だけでなく、ブロックチェーンで公に分散管理できるのが、ＩＣＯのオープンで魅力的な部分だと考えています。

資金調達の自動化・透明化は、すなわちプロジェクト実行者が好き勝手に出資金を流用できないことを意味します。ＩＣＯの普及によって、不正を働くようなベンチャー企業は淘汰されるでしょう。


では、完全な自動化・透明化ができないＩＰＯは、ＩＣＯに劣るのでしょうか。

いいえ、新たにＩＣＯという資金調達手段が出てきたからといって、なにもＩＰＯに取って代わるわけではありません。この両者は共存共栄できるのです。ＩＣＯ上場の手続きで、会計士や弁護士が完全に不要となるわけではなく、ブロックチェーンだけでは実現できない、また別のチェック業務が任されることになるだろうと考えています。

それでも、株式を中心とした今までの投資環境が、完全に無くなってしまうわけではないでしょう。

戦後、世の中にテレビが普及し始めた時代、「将来、ラジオは無くなる」と言われてきましたが、実際は無くなってなんかいません。クルマの運転中や料理などの作業中、ジョギング中、就寝前などの場面では、テレビよりもラジオのほうが役に立ち、優位性が上回るからです。「パソコンが出回ったら、事務員の仕事がなくなる」と危機感があおられましたが、実際は仕事が増えてしまったぐらいです。

電子書籍が出回り始めたからといって、紙の本が消えてなくなるわけではありません。そもそも電子書籍は貸し借りできませんし、プレゼントすることも難しいのです。おすすめの本の貸し借りやプレゼントなどのコミュニケーションツールとして、まだまだ紙の本は重宝します。（なお、ブロックチェーンを使えば、アマゾンのキンドルや楽天ブックスのコボなど、運営元の壁を飛び越えて電子書籍を貸し借りできる可能性もありますが、それはまた別の話です）

いったん有用性が認められて、世間に定着した存在は、そう簡単になくなるわけではないのです。株式投資に慣れていて十分に収益を出せている人は、あえてＩＣＯに投資する理由がないでしょうし、一方で、少子高齢化による経済減衰など、未来に対して希望を持てない世代にとっては、仮想通貨やＩＣＯのような右肩上がりの価値上昇を見せる存在に、この上ない期待感を託すかもしれません。要は、テレビとラジオのように、個々のライフスタイルや気分によって「棲み分け」ができるだけの話です。

ＩＣＯは、まだ実体がないプラン（計画）に出資するものでもあります。株でもないし、クーポンやポイントでもない、通貨のように流通するかもしれないけれども通貨そのものでもない、人類がまだちゃんと触れたことのない価値です。

ＩＣＯを全面禁止する国も増えている中、日本では、ＩＣＯを金融庁はどのように規制すればいいのか「様子見」という状況です。つまり、各企業の自主規制に委ねるというスタンスなので、事実上、規制が何もない現状といえるかもしれません。

もちろん、規制がないといっても既存のルール（詐欺など）に触れてはいけませんが、今後いつＩＣＯを狙い撃ちした規制が行われるかわかりません。ＩＣＯを始める決断は早ければ早いほど、チャンスが大きいと言えるかもしれません。

ブロックチェーンとＡＩがコラボする

会社の要は「会計」です。会計は、集計作業の分量もさることながら、「間違えてはいけない」「不正が混じっていてはいけない」というプレッシャーも大変なものとなります。上場企業ですと、「使った経費は、鉛筆一本までしっかり明らかにしろ」といった具合に、株主から厳しく指摘されることもあります。

従業員が使った経費を承認するかどうかは、日常的なものなら経理担当者の仕事、大きな額になると経営者の判断となります。

ただ、近い将来には、会社が使われた経費がブロックチェーン上で全て記録され、加えて過去に決裁権者が行ってきた経費の承認や不承認も記録される世の中になるでしょう。もし、これらの膨大なデータをＡＩがディープラーニングによって徹底的に分析することができれば、経費を承認するかどうかを判断するのは、人間でなく、ＡＩが自動的に担うべき役割となりえます。

このように、ＡＩが人間の仕事の一部を代替することは、「自分の仕事がＡＩに奪われる！

許せない！」といったネガティブな反応をされがちです。

とはいえ、捉え方によっては、むしろ世の中は良好な方向へ進んでいくのかもしれません。領収書が経費として落とせるか落とせないか、といった経理処理の判断はＡＩに任せて、経営者は、もっと新しい事象に対する前向きな判断、クリエイティブな決断に集中することができるからです。経理担当者にとっても、タスク的な作業ばかりでなく、財務面から経営判断への助言やサポートを行うなど、これまでの業務経験や知識を柔軟に活かしたコンサルティング業務が重要度を増していくはずです。

つまり、従業員の働き方も必然的に変わらざるをえません。例えば、経理処理の判断に、ＡＩが大丈夫だと判断すれば、ブロックチェーン上で支払いの実行をし「台帳」に記帳していくことが自動的に行われていくなど、ＡＩとブロックチェーンが組み合わさる影響によって、人の働き方も変えていくしかないのです。ひょっとすると「働き方改革」なんて、悠長なことを言っている場合ではないのかもしれませんね。

良い意味で「ＡＩが人間の仕事を奪う」と同様に、ブロックチェーンやＩＣＯもまた、違った形で人間の仕事を減らすかもしれません。

なぜなら、ブロックチェーンは、金融機関や監査法人、保険会社、（契約書のチェックが主要業務の）渉外系法律事務所など、様々な監査機関や中間業者を省略できる可能性があるからです。

ビットコインに次ぐ世界第二位の時価総額の仮想通貨、イーサリアムは、ＩＣＯトークンのベースとしても使われますが、そのイーサリアムを考案したロシア人のヴィタリック・ブテリン氏は、かつてこのように話したことがあります。

「ほとんどのテクノロジーは、末端の人々の仕事を自動化しようとする。だが、ブロックチェーンは、中間の仕事を自動化する。タクシー運転手から仕事を奪うのではなく、Uberを省略し、運転手が直接、客からの仕事を取れるようにするのである」

しかし、ブロックチェーンが存在することで、新たに生まれる仕事もあるはずなのです。たとえば、かつて蒸気機関車が発明された時代から、馬車や人力車を走らせていた人々の仕事は減ったでしょうが、その後の鉄道事業は新たな関連産業や雇用を創り出しました。

ＩＴの世界も同様です。産業用に使われていたコンピュータを個人で持てるようにするため、アップルやマイクロソフトが活躍して急成長しました。インターネットが普及することでヤフーやアマゾン、グーグルが誕生しました。

人類の歴史は、その繰り返しです。これからも、きっとそうでしょう。

同じように、ブロックチェーン技術が一般の人にも恩恵を与えるような時代になれば、今までに無かったタイプの新たな企業が次々に生まれてくるのでしょう。それはきっと、現代の私たちでは想像もつかないようなビジネスを創りだしているはずです。

近い将来には、ブロックチェーンという革命的技術が生み落とした新型の産業を、財務面において社会全体で支え、駆動させるターボエンジンのような存在として、ＩＣＯが当たり前のインフラになっていると考えられます。

これからは、複数のICOが「合併」する

今後は、お金や投資に対する世間の概念が変わっていくでしょう。ＩＴ系に限らず、いろんなジャンルの企業がＩＣＯを使って資金調達していくはずです。

たとえば、特定の映画に様々な企業や団体が出資する「○○製作委員会」というものがありますが、その参加者を、映画を観たい「観客候補者」一般にまで広げて、仮想通貨で出資できるようにすれば、それがまさにＩＣＯだといえます。多くのファンが付いているエンターテインメン

ト産業は、ＩＣＯと相性がいいのです。

しかし、ＩＣＯトークンは、アルトコイン扱い（ビットコインを除く仮想通貨の総称）で、現時点でもアルトコインは世界中に一〇〇〇種類以上あります。複雑になりすぎていますし、世界を見わたせば詐欺トークンも出回っています。いい加減なＩＣＯは人々から見放され、徐々に淘汰されていくでしょう。

中国や韓国など、世界各地でＩＣＯ自体を禁止する動きが始まっていますが、その点、仮想通貨に対する法整備を先進的に整えつつ、合法化している日本は今後、ＩＣＯの世界で存在感や信頼感を増していくと考えられます。

日本は、仮想通貨に寛容な国のひとつです。二〇一七年四月に資金決済法が改正され、仮想通貨が法律上定義され（二条五号）、仮想通貨の取引業者が金融庁の登録を条件に認可されるかたちとなりました。また、仮想通貨を手に入れるときに消費税を課さないことを決めたため、商品やサービスではなく通貨（決済手段）であると正式に認めたことになります。

現状で、当局の規制なく自由に発行できるＩＣＯですが、発行体としてリスクがあるとすれば、国によってＩＣＯへの態度がまちまちである点です。

今後、国によってはＩＣＯを禁止したり、厳格に規制したりするなど、急にルールが変わる場合がありえます。おそらく日本では、金融庁などを中心に規制はかけながらも推進していく方針でしょうが、海外を拠点にした新規事業で資金調達を行う場合は、その国の政府がＩＣＯに対してどのような態度で、どんな方針を採りうるか、あらかじめ調査しておく必要があります。

また、現在では数千種類ともいわれる仮想通貨が出現しています。独自の機能を組みこんだ高性能のものもあれば、単なるビットコインのコピーのようなガラクタも目立ちます。

似たりよったりのアルトコインやＩＣＯトークンが続々と出てきています。機能的に類似点が多いのならば、いっそ複数のＩＣＯが技術的に統合し、市場価値や競争力を引き上げようとする、いわば「ＩＣＯのＭ＆Ａ（合併吸収）」のようなことも起きるでしょう。

今のまま、玉石混淆のような状態が将来も放置されていけば、仮想通貨全体の雰囲気がうさんくさくなってしまいます。複数のコインやトークンの融合・統一は、仮想通貨の利用者にとっても歓迎すべき流れです。

知る人ぞ知る、ブロックチェーン先進国

一九九一年、ソビエト連邦の崩壊によって独立したエストニアは、いわゆる「バルト三国」のひとつとして知られます。他方で、世界的に有名なネット電話ソフト「スカイプ（Skype）」を生み、早い段階から国民のほとんどがネットバンキングを使ってきた、世界屈指のインターネット先進国の一面もあるのです。

同国にとって大きな転機となったのは二〇〇七年でした。ロシアから甚大な規模のサイバー攻撃を仕掛けられたことによって、政府やマスコミのウェブサイトが完全に停止し、銀行からお金を引き出せなくなる事態が発生したのです。この深刻な被害を契機に、エストニアは軍事費並みの予算を投入して、ウェブのセキュリティを徹底的に強化しました。

また、エストニア初のブロックチェーン応用技術として構築された「GuardTime」は、医療の受診理例情報や不動産の登記情報などを安全に関する、独自のスマートコントラクトに関するシステムです。

さらに、ブロックチェーンを使った「X-Road」という新たな情報セキュリティ技術も導入しています。ブロックチェーン上の記録は、世界中のコンピュータに書き込まれて相互監視していますから、ハッカーが勝手に書き換えようとしても、事実上ほぼ不可能なのです。

これからのウェブセキュリティは、きっと、ブロックチェーンなしに語れないでしょう。ハッカーに侵入されるまでは仕方がないことを前提として、侵入されたら即座に侵入があった事実を自動的にウェブ管理者へ通知でき、しかも侵入の痕跡をハッカー自身で消し去ることができないという仕組みを構築することによって、ハッキング行為を事前に牽制、萎縮させることを目指すアプローチです。

また、ブロックチェーンは、リアルな通貨と、ネット上の商取引あるいは契約とを、切れ目なく繋げる技術でもあります。たとえば、ＥＣサイトで購入された商品に対して、確かに支払いが行われて、確かに宅配されているという事実を、事後的にでもブロックチェーン上の記録で追いかけることができるのです。この記録自体も立派な社会的インフラになりえます。

エストニアは人口一三〇万人ほどの小さな国にもかかわらず、市民登録が二〇〇〇万人にも達しています。外国人でも、エストニア国内に銀行口座を作ったり、会社の商業登記をしたりすることが認められるのです。

これはe-Residency（電子政府システム）といって、エストニアのバーチャル空間での市民権をインターネットを介して世界中に販売しているからです。それで財政面を補強させつつ、e-Residency上の情報セキュリティを徹底的に強化しているといいます。国家をあげて、インターネット上のセキュリティを国境を超えて売り広げているという、逞しい事例です。

そんなエストニアは、世界で初めて、国家が独自に発行する仮想通貨「エストコイン」のリリースを計画しています（なお、二〇一七年十一月、ウルグアイが世界初のデジタル通貨「e-ペソ」のテスト運用を始めています）。

このエストコインは、世界初の「国家ＩＣＯトークン」ともなる予定です。e-Residencyの技術に公共的に投資し、ブロックチェーンやＡＩを駆使した世界最先端の空間をつくるとともに、e-Residentsにより立ち上げられた企業の支援にも、資金が投入されるようです。

ICOは「地域通貨」になり得る

ＩＣＯは、地方を元気づける源泉になりえます。地元の人々による地域おこしのプロジェクトや、特産品の収穫、製造などについて、ＩＣＯを発行するのです。

かつて、政府の方針で「地域振興券」というものが出回りました。あの政策がうまくいったかは別として、全員に配られたわけではなく、年金生活者や十五歳以下の子どもがいる親などが対象で、しかも一度きりの実施だったので、社会への広まりは限定的でした。

現在では、地方自治体などが実施している「クラウドファンディング」や「ふるさと納税」などのしくみが各地で盛んに行われていますが、ＩＣＯですと、プロジェクトなどに出資した立場そのものを、通貨として出回らせることができるという違いがあります。

ＩＣＯは、日本だけにとどまらず海外でも告知できますから、世界中に、日本の特徴ある街の取り組みを知ってもらうことが可能になりますし、ＩＣＯの権利保持者には、その地方の食堂にて無料で食事ができるとか、ホテルに安く泊まれるなどの優遇があれば、それも地域おこしに繋がります。

第三章

ＩＣＯの信頼を支える新技術「スマートコントラクト」

値動きの激しい仮想通貨は、通貨として使えないか？

仮想通貨は、しばしば「儲け話」と結びつけられがちです。

特にビットコインはボラタリティ（値動きの変動幅）が激しくて、すでにバブルが発生しているとの指摘もあります。二〇一七年の一年間だけで、米ドルや日本円に対するビットコインの交換価値は一〇倍以上になりました。

ＩＣＯも同様で、取引所での上場の直後に、価格が数倍に跳ね上がることも珍しくありません。

これほどボラタリティが大きければ、実際の通貨として使えないと疑問視する人もいます。買い物をしようとしても、商品を選んでいるときと、レジで決済するときで、もし値段が変わってしまったら、支払う側はたまったものではないというのです。

しかし、ボラタリティの大きさだけを見て、通貨になりえないと否定する発想は短絡的です。

第一次世界大戦後のドイツで、当時の通貨であるマルクがハイパーインフレを起こして、物価が数百億倍と、極端に高騰したことがあります。最近でもジンバブエで「一〇〇兆ジンバブエドル」

が発行されるほどのインフレが起きてしまい、やがて同国では米ドルが通貨として取って代わられることになりました。

国が管理する法定通貨でも、ボラタリティが極端に大きくなる可能性はいくらでもあるのです。それだけを理由に通貨であることを否定するのは説得力がありません。世界基軸通貨のひとつであるユーロですら、社会の隅々に信用力が行きわたっているわけではありません。ヨーロッパに行けば「ユーロで払わないで。嫌いだから」と、平気で受け取りを拒否する店主もいます。

日本の学校では、金融やマネジメントを教わりません。だからほとんどの日本人は、銀行預金でお金を貯めたりしているのですが、そこにはリスクがない代わりに、リターンである利息も微々たるものです。一方で、外貨の為替取引であれば年に一〇%以上のリターンを得られる期待ができる代わりに、ヘタをすれば元本割れ、あるいは全損を引き起こすリスクもあります。

しかし、正しいリスクを取れれば、元本割れのおそれがある（銀行預金以外の）金融商品に投資することも、それほど怖いものではありません。

現代の子どもたちが、コンピュータを必修科目として学んでいるように、将来的には、金融に加えて、仮想通貨やブロックチェーンについても、学校教育で子どもたちへ教える時代が来るはずです。

もっとも、ＩＣＯトークンなどの仮想通貨が、お金儲けの役割のみで終わるわけがありません。多くのＩＣＯトークンは、「スマートコントラクト」を実装し、これからもっと高性能になっていきます。つまり、「道具として使える通貨」になるのです。

このリアルの世界に、道具として使える通貨があるでしょうか。せいぜい、スクラッチカードの銀の塗装を、一〇円玉の角でこすって剥がすぐらいの使いみちしかないでしょう。

「カレンシー型」と「アセット型」

仮想通貨と一口に言いますが、大きく分けて二種類があります。

ひとつは、特定のプロジェクトには紐付けられておらず、特定の発行者もいない「カレンシー型」（通貨タイプ）です。取引記録の膨大な繋がりをコンピュータで計算する「マイニング」という作業に対し、プログラムどおりに報酬として支払われることをきっかけに、新たに生み出される仮想通貨で、ビットコインがその代表格です。

もうひとつは、特定のプロジェクトに関連付けられていて、発行者がいる「アセット型」（資産タイプ）で、ＩＣＯトークンはこれに該当します。発行枚数は発行者がコントロールすることができますし、ＩＣＯの売買はプロジェクトへの支持そのものを売買しているようなものです。

アセット型のＩＣＯトークンは、ビットコインやイーサリアムなどのカレンシー型仮想通貨をベースに創られるので、ビットコインやイーサリアムに悪い材料があって価格が下落してしまうと、ＩＣＯトークンの価格まで引きずられて一緒に下がる場合がありえます。

ＩＣＯトークンをカレンシー型でつくることも、いちおう可能です。ただし、ブロックチェーンを深く理解し、新しい価値のある機能を実装した仮想通貨を「発明」できるぐらいのエンジニアと組む必要がありますので、ＩＣＯプロジェクトに匹敵する、あるいはそれを超えるくらいの労力を投入しなければならないかもしれません。

それでは、ＩＣＯで新しいプロジェクトを進めたいのか、それとも新しい仮想通貨を開発したいのかわからなくなり、軸がぶれて本末転倒になるおそれがありますので、ＩＣＯトークンはアセット型でつくれば十分です。

人間の不正を、自動的に排除する仕組み

すでに述べた話をおさらいさせていただきますが、ＩＣＯトークンにスマートコントラクト（契約の自動執行機能）が組みこまれていると、資金調達が透明化されて、プロジェクトに対する社会的な信頼感が増していくメリットがあります。なぜなら、「このＩＣＯで、仮に調達目標額を達成できなかったら、出資を全額返還する」という約束をブロックチェーンに書き込めるからです。

もし、残念ながら目標達成できなければ、スマートコントラクトが発動し、全額返還が自動的に執行されます。条件を満たせば問答無用で約束が執行されるので、前言撤回のズルが許されません。

調達額の目標が達成されないときの全額返還は、クラウドファンディングでいう「オール・オア・

ナッシング」に近いですが、クラウドファンディングの場合は全額返還の作業を運営会社が代行します。スマートコントラクトは、この運営会社の仕事をプログラムが実行するので、誰の意思も介在しません。また、複雑な仕組みも必要ありません。「プロジェクトを実行したい人」と「トークンを買いたい人」とが繋がってさえいれば十分なのです。

スマートコントラクトを応用すると、エスクローの自動化も可能となります。個人間のネット売買や、原稿やイラストの制作契約など、やりとりに時間差がある取引では、「提供させておいてお金を払わない」とか「お金だけ受け取って、なかなか提供しない」といったトラブルが起きがちです。そんなズルが生じないよう、信頼できる第三者が先に作品報酬を預かっておく仕組みがエスクローです。

ただ、その第三者がお金を絶対に持ち逃げしない保証もありません。

こうした厄介なリスクを抱えるエスクローも、スマートコントラクトで処理すれば、お金を預かる第三者の存在すら要らなくなります。もし、個人が作品の制作資金をＩＣＯで募るのなら、スマートコントラクトでエスクローを組みこむことによっても、信頼感を積み増すことができます。

ＩＣＯトークンにとって、スマートコントラクトは相性のいい仕組みだといえます。このスマートコントラクト機能を搭載した仮想通貨の代表格が「イーサリアム」です。

ＩＣＯで注目の仮想通貨「イーサリアム」とは？

現在流通しているＩＣＯトークンの大半は、イーサリアムをベースに創られたアセット型のものとなっています。それぐらい、スマートコントラクトの機能が信頼されているわけです。たとえば、「ＩＣＯの目標額を期限までに達成できなければ、全額返金する」という約束をスマートコントラクトに組み込めば、その条件を満たしたときには自動的に返金が実行されますので、ＩＣＯの信頼性にも繋がります。

イーサリアムは、まだ世間的な知名度は低いかもしれませんが、仮想通貨の時価総額でビットコインに次いで二位（二〇一七年十一月現在）に位置しており、仮想通貨の世界において、もはや欠くことができないほどの存在感を醸し出しています。

ビットコインの発案者は「サトシ＝ナカモト」ですが、これはアメリカのブロックチェーン開発チームのコードネームともいわれており、他にも諸説あって、いまだに正体不明です。

一方で、イーサリアムを構想した人物は明らかになっています。二〇一三年、ロシアのヴィタリック＝ブテリンが十九歳のころに「スマートコントラクト」を発案し、その概要を説明したホワイトペーパーを公開したところ、その斬新かつ高い実用性が世界を驚かせました。ブテリン氏はブロックチェーン技術を活かして、ビットコインにはない新たな可能性を秘めた仮想通貨システムを構築してみせたのです。

子どもの頃から、数学と経済学に卓越した才能を発揮していたブテリン氏は、彼の父親からビットコインの話を聞いたことをきっかけに、仮想通貨の世界に強い興味を抱きます。十七歳のブテリン少年は、インターネットでビットコイン記事を執筆する仕事を見つけ、一記事五ビットコインで請け負ったそうです。当時の五ビットコインは日本円で数百円の価値ですが、今だと単価で六〇〇〇万円以上（二〇一七年十一月現在）となります。

ブテリン氏は大学に入ってからも、大半の時間をビットコイン関連の自主的な取り組みに費やしていていたことから、いっそのこと徹底的に極めたいと、世界各地でブロックチェーンを事業に採用している先進的な企業を巡る旅に出ました。そこで、通貨だけでない様々な目的でブロックチェーンが使われていることを知ったのです。

いっそのこと、何にでも使える汎用的なブロックチェーンプラットフォームを創れないだろうか。「ビットコイン＝通貨」という思い込みを排した大胆な発想が、この世にイーサリアムを生み落としました。ちょうど、日本でマウントゴックス事件が発覚し、世界中で「ビットコインは怪しい」という印象が蔓延していた頃です。

ブテリン氏は、ビットコインの開発者がひとりの日本人だと信じており、「サトシ＝ナカモト」を尊敬しているといいます。

もともと、イーサリアム自体も、二〇一四年にＩＣＯを実施して資金調達を続けながら開発された経緯があり、ＩＣＯと非常に縁の深い仮想通貨です。

ＩＣＯの第一期トークンセール当時は、一イーサ二十六円で販売されました。今は一イーサ五万円前後（二〇一七年十一月末現在）で取引されていますから、すでに約二〇〇〇倍の価値が付いており、イーサリアムは「史上最も成功したＩＣＯ」のひとつにも数えられます。

イーサリアムは、過去に「分裂」を経験しています。きっかけは、二〇一六年六月、イーサリアムのスマートコントラクトに関するコードの弱点を突いて、約六十五億円のイーサリアムが不正送金された「The DAO事件」です。

この「The DAO事件」の後、せめて記録上だけでも事件を最初からなかったことにしようとして、ブロックチェーン上のトランザクション（取引記録）を事件前の時点に巻き戻そうした派閥と、「現実としてあった出来事を都合よく書き換えるのは絶対に許されない。イーサリアムの信頼性を損なう」と反対した派閥とで、対立が起きました。

そして、トランザクション巻き戻し賛成派が独立し、別の新たな仮想通貨を「イーサリアム」と名付けて枝分かれしました。もともとのイーサリアムは「イーサリアムクラシック」と名前を変えて存続し続けている経緯があります。イーサリアムクラシックは、機能面ではイーサリアムと大差ありません。ただし、「The DAO事件」の痕跡を今でもブロックチェーン上に克明に刻み込んでいるという特徴があるのみです。

イーサリアムは、まだまだ本気を出していない

イーサリアムは最初から、何段階にも「進化」する計画が立てられており、その「進化」を前提に開発されました。ブテリン氏がもともと思い描いている理想形はあるものの、現在のネット

通信技術で対応できるかどうか、現実を直視して確かめながら、徐々に進化させていくという、とても地に足の着いた戦略を採っています。

第三段階の「メトロポリス」では、他の仮想通貨であるジーキャッシュ（Zcash）の機能を借りて、ゼロ知識証明（匿名取引）の機能を加えました。

それでも、イーサリアムには、「The DAO事件」以降にもいくつかのトラブルが発生しています。取引が混雑して一時的にシステムがダウンしたりすることもあります。今まで、イーサリアムの取引量が比較的少なかったため、問題が表面化してきませんでしたが、二〇一七年に入ってイーサリアムベースのICOが普及し、取引量が増大したために、一種のバグというべき不具合も見つかってきています。

とはいえ、新しい技術は常に、改善の繰り返しで成長していきます。誕生してまだ五年も経っていない技術に、ダメ出しばかりするのは早計でしょう。イーサリアムは「まだまだ本気を出していない」のです。最終形態、第四段階の「セレニティ（Serenity）」まで行き着くのも、いよいよ時間の問題で、二〇一八年のうちには達成されるのではないかといわれています。

「セレニティ」のバージョンをもって、イーサリアムの新規発行（マイニング）が停止される予定になっているため、供給を需要が大きく上回り、イーサリアムの価格がますます上昇していくものと見込まれています。

さらに「ライデンネットワーク」という機能が完成した場合、一秒間に数千回の処理を実現し、クレジットカードの決済速度を遙かに上回り、人類史上で例のない速度の取引を達成させることを目指しています。

現状で送金に最短でも一〇分ほどかかるビットコインとは雲泥の差ですが、ビットコインでも、セグウィット（Segwit）という情報圧縮技術を実装させようとしたり、「ライトニングネットワーク」と呼ばれる技術を採り入れるなどして、処理速度を引き上げようしています。価格が乱高下するスリル満点の投機対象でなく、実際の社会で通貨として使える仮想通貨になるためには、決済処理速度の向上と、確実な着金が欠かせません。

日本発信の「スマートコントラクト搭載」通貨

スマートコントラクト機能を持っている仮想通貨としては、イーサリアムやイーサリアムクラシックの他に、「Hshere」や「Qtum」があります。また、汎用的プログラミング言語で、ほとんどのSEにとって馴染みがあるジャバスクリプト（Javascript）を活用し、マイクロソフトも支持している「Lisk」や、中国発の「NEO」などでもスマートコントラクトを利用可能です。

スマートコントラクトに類似した分散公証システムを持つ「Factom」でも、契約や保険、医療記録、不動産登記、食材のトレーサビリティなどを安全に共有することができます。

各種届出の仕組みや法務局の登記制度、マイナンバーなどがすでに整備されている日本で、スマートコントラクトが公的に採用されるのは、まだ先の話になるでしょう。ただ、公的な個人情報管理システムがしっかりと確立されていない国々では、このスマートコントラクトを導入することで、かなり精度と安全性の高い公的記録の仕組みを一足飛びで整備することができます。

いわゆる発展途上国に最先端技術が持ち込まれることによって、かつて先進国が辿ってきた道のりを飛び越えて文化レベルの向上が加速する現象を「リープフロッグ（跳ねるカエル）」と呼びます。スマートコントラクトは、そのリープフロッグ現象を世界各国にもたらし、数十億人単位の生活水準を一度に引き上げるポテンシャルを秘めています。

日本で特に支持されており、熱烈なファンが多いスマートコントラクト搭載通貨は、ネム（NEM）です。大阪のテックビューロ社が展開していて、国内の取引所ではテックビューロ直営のザイフの他、コインチェックなどでも入手可能です。

よって、ＩＣＯがベースとする仮想通貨としては、イーサリアムに代わる選択肢としてありえます。

ネム（NEM）は、New Economy Movement（新たな経済の変動）の略で、二〇一五年に誕生した新興の仮想通貨です。ビットコインと比べて、運用しても電力をほとんど消費しない特徴があります。

さらに、EigenTrust++というアルゴリズムで、セキュリティも強化しています。もはや、ビットコインでできることは、ネムでも全て実現できると言っていいでしょう。

ネムに実装されているスマートコントラクト機能は、通称で「アポスティーユ」と呼ばれます。第三者を介さずに同時のブロックチェーン上に登記や公正証書などの重要書類を作成・保管できるため、仮に日本国内で本格導入された場合、法務局や公証役場など、多くの役人が仕事を失ってしまいかねないほどの破壊的技術です。

ほかにも様々な趣向が凝らされており、「New Economy Movement」の名の通り、従来型の資本主義社会のゆがみを、少しでも解消させるようなシステムを採用しています。

たとえばビットコインは、世界中の多数のトランザクション（取引記録）を過去の履歴と照らし合わせて矛盾がないことを承認する「マイニング」という作業を実行してくれるコンピュータが世界中に存在するおかげで成り立っています。そのコンピュータの持ち主は、報酬としてビットコイン（二〇一七年現在で一二・五ＢＴＣ）を受け取ることができます。

ただし、ビットコインには二〇〇九年以来の膨大な取引記録がすべてブロックチェーンで繋がっており、それを処理するためには超高性能のサーバーを多数稼働させなければなりません。ビットコインのマイニングは、年々厳しさを増しており、電気代が非常にかかる点で地球環境に負荷をかけているとして、国際問題にもなっています。こうなってくると、個人や中小企業がマイニング報酬を受け取るのは絶望的です。多数の人々が協力し合ってマイニングを行う「プールマイニング」という方法もあります。ただ、受け取れるビットコイン報酬の分け前は、マイニング作業への貢献度によって決まります。プールマイニングに参加しても、高性能のマイニング専用機を多数保有していない限りは、おこづかい程度の報酬しか受け取れません。

また、イーサリアムのマイニングは、イーサリアム自体の保有量が多いほど、多くの報酬を受け取ることができる仕組みを採用しています。

つまり、ビットコインとイーサリアム、いずれのマイニングも多額の資産を仮想通貨へ投入できる立場の者ほど稼げるシステムなのです。これではますます経済格差が広がってしまう根源であると、ネムの開発者は問題視しました。

ネムの場合、すでにマイニングは終了しており、新規発行はありません。しかし、ネムにも報酬が支払われます。報酬の支払い基準にはネムの保有数だけでなく、取引頻度なども加味されますので、資産が潤沢でない利用者にもチャンスがあるのです。

また、カタパルト（Catapult）というバージョンアップが行われれば、取引処理速度もより高速になると期待されています。

もし、日本国内で、あえてネムをベースにしたトークンを作成してＩＣＯを実行するならば、その決断のニュースだけで話題を呼ぶかもしれません。

ビットコインにスマートコントラクト機能を付けられないのか

ビットコインは、人類史上最初にして最古のブロックチェーンシステムです（最古とはいえ、誕生から十年も経っていませんが）。ビットコインで機能と呼べるものといえば、「誰から誰へ、いくら譲渡された」事実をブロックチェーンに記録する決済機能ぐらいです。もちろん、ビットコインが初めて登場した当時は画期的な仕組みだったのですが、スマートコントラクトが実装されていません。その点で、後発の仮想通貨と比べると後れを取っています。

とはいえ「ビットコイン」といえば、全く関心がない一般の人々もなんとなく名前を聞いたことがあるほどの強力なブランドです。最新版の『広辞苑』にも掲載される予定ですし、仮想通貨の代名詞といえるほどの知名度があります。このビットコインにスマートコントラクト機能が加われば、ビットコインをベースにしたＩＣＯが増えることも期待されます。

ビットコインにスマートコントラクトを付け加えることができる代表的な技術が「サイドチェーン」と呼ばれるものです。

サイドチェーンは、信頼できる仮想通貨取引所での取引であれば、それをほぼ無条件に承認することで、ビットコインの処理速度を大幅に引き上げる最新技術です。かつ、送金手数料を引き下げることも期待されています。

もし、高止まりしているビットコインの送金手数料を、今よりも引き下げることができれば、世界中の人々の間で、もっと気軽に少額のお金がやりとりされ、たくさんの感謝や応援の気持ち、期待感や親近感などが、具体的な通貨の形で地球上を巡っていくはずです。

Rootstockは、ビットコインにサイドチェーンを付け加える技術です。機能が豊富なだけに、システムの脆弱性も指摘されてきたイーサリアムと違い、じつはビットコインは一度もハッキングされたことがありません。

将来、Rootstockがビットコインに実装されたときには、その高い安全性に加えて、大幅な機能強化がされることで、ビットコインの価値が増大するとともに、ビットコインベースのＩＣＯトークンが、ますます増えていくとも考えられます。

第四章 仮想通貨とＩＣＯの可能性を求めて

オウケイウェイヴが、ICO事業に参入したきっかけ

「オウケイウェイヴ」の創業から二〇年近くが経とうとしています。その関連会社で今、ICOの世界に足を踏み入れようとしています。

オウケイウェイヴのサイト創業期には、その収益モデルが、どうしてもインターネット広告中心にならざるをえませんでした。広告を貼るか、ECサイトをつくるか、くらいの手段でしか、オンラインで収益を上げられなかった時代です。

社会的に有用な事業を展開するはずのサイトでも、維持費を確保するために、他者の広告を入れなければ収益を上げられないのです。どれほど利用者に感謝され、熱いファンが付いていても、PV（サイト閲覧数）が少なければ広告が入らないというジレンマに、当時は苦しめられていました。

ベンチャーキャピタルに出資を申請したこともありましたが、Q&Aサイトというビジネスモデルの収益性が認めてもらえず、なかなかうまくいきませんでした。しかし、楽天の三木谷社長

が、「自分が事業を立ち上げたときと似ている」として、オウケイウヴェイヴの事業理念に共感してもらえた縁により、まとまった出資を受けることができたのです。

感謝や共感を軸にして動いている、Q＆Aサイト経営者の面目躍如といったところでしょう。

ＰＶが評価軸となる広告モデルを収益の柱とするのは難しいオウケイウェイヴは、しばらくBtoB事業で収益を上げて経営を乗り切っていました。

ただ、「本当に、オウケイウェイヴのQ＆Aサイトは一ＰＶでたった数円の価値しかないのだろうか」と、兼元の心の奥には、ずっと引っかかるものがあったのです。

Q＆Aのやりとりがテレビ番組で採り上げられたり、『今週、妻が浮気します』という書き込みと回答をもとに、書籍化や日韓でのテレビドラマ化を果たしたりもしましたが、それでも、オウケイウェイヴのサイトから上がる収益は、「こんなものか」と感じられる額しかありませんでした。

他方で、スマホゲーム業界に目を向ければ、子どもたちを相手にした課金ビジネスによって、莫大な収益を上げていました。小中学生に何万円、何十万円も払わせて親を泣かせることもある。それでも収益が上がっているので、運営会社の株価も上昇していました。それもまた、資本主義社会の現実です。

そのとき、「もしかすると、オウケイウェイヴを維持するための収益があがらないのは、インターネット上で、価値を社会的に共有できる手段がないからかもしれない」との考えがよぎったのです。

オウケイウェイヴに限らず、どんなサイトでも事情は同様ですが、「この記事が役に立ったから、困ったことが解決されたから、お礼を送りたい」としても、一〇円や一〇〇円といった少額を送る手段がないのです。送金手数料のほうが高く付いてしまうからです。


かつて、海外留学していた娘に、日本から一〇万円を送ろうとしたとき、送金手数料が二五〇〇円も取られて、怒りを覚えたという人がいました。しかも銀行で何時間も待たされて、「この送金はマネーロンダリングではない」との宣誓書や送金の理由書まで書かされて、「娘が確かに海外に住んでいることを証明するものはあるか」と尋ねられたそうです。

たった一〇万円の送金でマネーロンダリングを疑われ、とどめに高額の手数料を取られ、ほとんど犯罪者のような扱いをされてしまうわけです。

こんな社会のままで、感動の価値があるものに一〇円や一〇〇円のお礼を送り合うような関係性をつくることは不可能です。ポイントなら手数料をかけずに送る手段があるかもしれませんが、いずれにしても国内限定です。海外では楽天ポイントもTポイントも、ごく一部の地域で使えるのみです。

そんなとき、オウケイウェイヴにひとつの貴重な縁が舞い込みました。

早い段階からビットコインの将来性に注目して投資した「ビットコインの伝道師」こと、ロジャー・バー氏との出会いです。彼は国の政府を信用せず、常に国境を飛び越えたグローバルな感覚を持っていて、「通貨というのは、人を幸せにするためにあるものだ。日本の一〇円玉をアメリカで使えないのはおかしい。価値の交換が全世界で可能にならなければおかしい」と言うのです。

離れた場所にいる人たちと、経済的な価値の受け渡しをしようとすれば、金融機関が横から割って入ってきて、多額の手数料を徴収してきます。しかし、金融機関がやっていることは、今やサーバー上の数字を動かしているだけ。その送金先が国外だという事実だけで、手数料の額面が跳ね上がる。

多くの利用者が「おかしい」と思いつつも、それを「社会の常識」として強引に受け入れさせられてきました。

ロジャーが勧めてきたビットコインは、わずかなコストで、遠隔地にいる人たちへの少額支援を実現します。それまでずっと抱いてきた疑念を解消してくれる、まったく新しい形の通貨だったのです。

彼の話を聞き、実際にビットコインを購入しことはきっかけになり、その裏付けであるブロックチェーン技術にも将来性を感じ、ブロックチェーン推進協会（ＢＣＣＣ）に理事として参画するなど、仮想通貨の分野で積極的に活動を始めました。

さらに、オウケイウェイヴで質問に対して回答をくれた人に「ビットコインでお礼を贈る機能」を加えようと思いついたのです。仮想通貨ならば、一〇円や一〇〇円といった少額でも、ゼロに近い送金手数料で、離れた場所の見知らぬ人へも「ありがとう」の気持ちを贈り合うことができるはずです。

さっそく実行に移そうとしたのですが、当時はビットコインに関するサービス導入について、「危ない技術を取り入れるわけにはいかない！」とオウケイウェイヴ社内でも反対の声が多くあがりました。取締役会でも、反対多数という状況でした。

なかなか理解してもらえないという車内での状況下で、なんとか社内を説得したいと考えた結果、オウケイウェイヴの本社にロジャー・バー氏を招待することにしました。オランダからＴＶクルーを連れて来社したロジャーは、オウケイウェイヴのスタッフたちとＴＶカメラを前に「これからの時代、ビットコインで凄いことが起きます」と高らかに宣言してみせてくれたことを、よく覚えています。
さらに「誰か、スマホを持っている人はここに出してもらえませんか」と提案し、スマホを差し出したスタッフ全員に、ロジャーはその場で、日本円で当時五〇〇円分のビットコインを送信してみせたのです。

最初は半信半疑の反応を見せていたスタッフも、ビットコインが簡単にお金を送れる技術であることを実感し、ようやくオウケイウェイヴ社内での理解が広がっていきました。まさに「ビットコインの伝道師」ロジャー・バーの面目躍如といえるでしょう。

二〇一五年、ついにオウケイウェイヴに、回答者にビットコインでお礼を送る機能が実装されました。「きっと、みんな喜んでくれるだろう」と、心から確信しての公開でした。

しかし、ふたを開けてみると、利用者からの批判や反対が大波のように押し寄せてきたのです。マウントゴックスの破綻の話や、投機目的の取引に対する危険性などを持ち出して、批判されることもありました。その厳しさはスタッフからの反対意見の比ではありません。「オウケイウェイヴは何を血迷ったのか？」というような厳しい苦言もありました。しかし、兼元は「むしろ、道が決まったのだ！」と信じ、サービスを粘り強く継続してきたのです。

そして二〇一七年、「仮想通貨元年」の幕開けを迎えます。

日本ではビットコインなどの仮想通貨を譲り受けるときに消費税が課されない扱いとなり、法律上も正式な決済手段としての「通貨」として認められました。大手家電量販店でも、ビットコインが決済手段として採用されています。

ウェブを見れば、日本のメガバンクが仮想通貨事業に乗り出すとのニュースが、世界の重大ニュースと肩を並べて掲載されています。

インターネットのサイト上で仮想通貨を使って、人々がお礼や感謝の交換をするというオウケイウェイヴの着想に、ようやく時代が追いついてきたといえるのかもしれません。

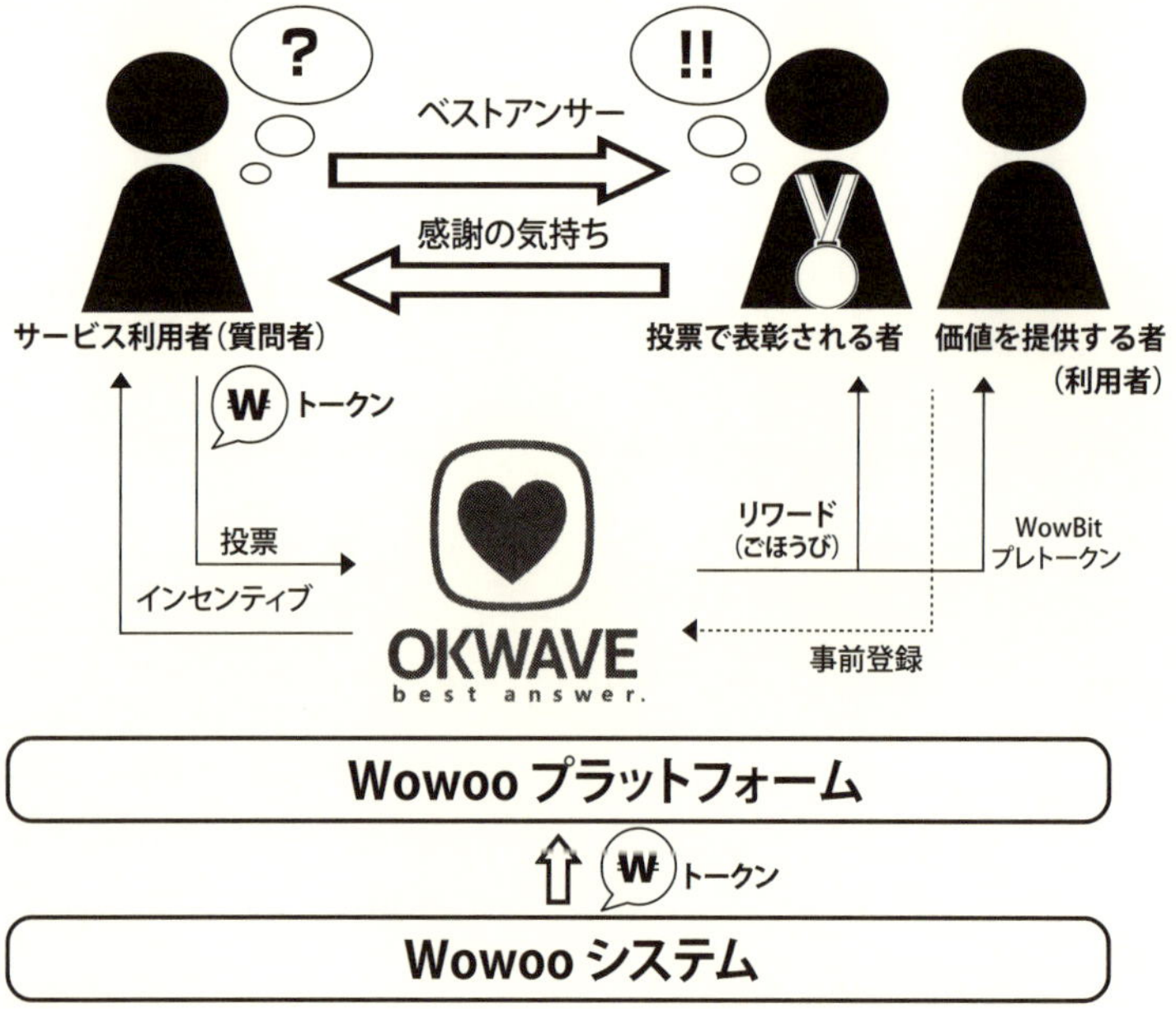

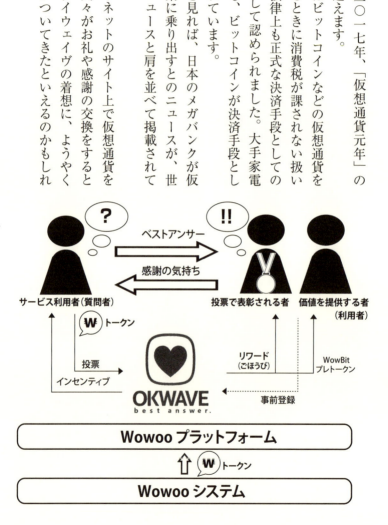

本来、セキュリティを前提につくられていないインターネット

二十年近くにわたって、ウェブサービスを展開してきたオウケイウェイヴの兼元は、二年前の講演で聞いたＭＩＴメディアラボ所長の伊藤穰一氏の言葉が、強く印象に残っているといいます。

「私が二十年前、『これからインターネットが世界を変える。デジタル空間で情報が飛び交って、凄いことになる。今後、紙媒体で物事を伝えるということは、慎重に考えながら進めなければいけませんよ』と言っていたときに、その場にいた新聞記者の半分は寝ていて、もう半分は帰ってしまいました」

時代の変化でピンチに陥る危険性がある当事者に限って、その危機感が見られないとのエピソードです。「インターネットが世界を変える」を「ブロックチェーンが世界を変える」に置き換えても似たようなものです。社会構造が抜本的に変わってしまうことに気づくまでの間、大半の人は反応が薄いままかもしれません。

かつて、インターネットの登場で、ヤフーやアマゾン、グーグル、ペイパルなど、新たなビジ

ネスモデルで成功したＩＴ系の大企業が次々に誕生しました。そして、従来型の様々な産業が、たちまち苦境に追い込まれて廃業となったり、大きな変革を余儀なくされたりもしました。間違いなく、ブロックチェーンをめぐっても同様の動きが巻き起こるでしょう。

そもそも、インターネットというのは、「善意でも悪意でも、広く誰でも同じ情報にアクセスできる」というのが強みです。

もともと、情報に関するセキュリティを守ることを前提にしていないインターネットが、約三十年の歳月を経て、真の意味で安全になるきっかけとなり得る技術がブロックチェーンであると、オウケイウェイブでは考えています。

本来、悪意ある者に攻撃されることを踏まえた形では、インターネットはつくられていなかったのです。

たとえば、Linux（リナックス）というＯＳは、マイクロソフトのWindowsやアップルのMacOSのように、どこかの企業が企画作成して販売しているわけではありません。どんなプログラマーも自由に参加して思い思いに改良を加えていい「オープンソース」として公開されています。

もし仮に、Linuxのシステムのどこかに、ハッカーからの不正攻撃に弱い部分（セキュリティホール）が見つかったとします。そうすると、誰かが修正プログラム（パッチ）を作ってコミュニティに公開します。しかし、その弱い部分の情報やその修正プログラムの情報もハッカーが監視しているわけです。

修正プログラムが出回り始めたということは、Linuxにセキュリティホールが存在することを堂々とバラしているのと同じですから、ずっと見張ってきたハッカーは、即座に他のサーバーや端末への攻撃に移れるわけですね。修正プログラムが公開されて全端末にパッチされて新たなセキュリティが確保されるまでの間には、どうしても時間差が生じてしまうからです。

オープンソースは利用者の「性善説」を前提に設計されていますから、これでは、ハッカーに侵入されないほうが不思議です。対処方法もありますが、限界もまたあります。

現在のウェブ検索エンジンは、中央集権的である

もともと、ブロックチェーン事業やビットコイン研究にも投資をしてきた立場から、仮想通貨

やICOに大きな可能性を感じていました。Q&Aサイトであるオウケイウェイヴは、「Wowoo（ワォー）」という仮想通貨プラットフォームと提携しており、回答者に対して、質問者がビットコインなどを使ってオンラインで謝礼を支払うこともできるようになっています。

ブロックチェーン技術を採用したオウケイウェイヴが、今以上に進化していくと、グーグルなどの検索エンジンが必要なくなるでしょう。これから人々から求められるのは、自分たちに都合のいい情報や、検索者にとって必要のない情報を前面に出す検索結果ではありません。もっとフラットなつながりを持った情報検索です。

人は何かを知りたいとき、検索が目的ではなく、悩みが解決されたり好奇心が刺激されたりすることを求める。ですから、機械で処理するのではなく、人と人がブロックチェーンで直接繋がればいい。専門的なことを知りたければ、その分野に詳しい人物と直接繋がればいい。兼元は、こう考えているのです。

検索エンジンとして、インターネットの普及初期に検索エンジンの最大手に君臨したヤフー。ただ、役に立つサイトのURLを、人力で登録していくスタイルですから、登録するスピードや分量におのずと限界が生じます。

ヤフーの後を追って立ち上げられた検索エンジンのグーグルは、プログラミングの力で重要なサイトを自動的に識別し続けました。二四時間三六五日、検索精度の最適化を延々と続けることが可能なグーグルのシステムに、やがてヤフーは追い抜かれ、ついに検索エンジンの天下を明け渡したのです。

グーグルに勝つには、ヤフーで一生懸命ディレクトリをつくってきた人材を捨て去らなければならなかったのです。ヤフーはその決断をできなかった、あるいは、あえてしなかったのだといえます。

ただ、グーグルはどのサイトが重要なのかを、システム内部の一元的な基準ですべて決めているわけです。まるで、グーグルを頂点としてインターネットの世界を支配下に置いているかのような、典型的な中央集権（セントラル）です。たとえ上位表示されているサイトでも、ひとたびグーグルの基準に合わなくなれば、容赦なく順位が下げられます。サイトから収益を上げている企業や個人にとっては、決して逆らえない恐ろしい存在といえるでしょう。

グーグルは、同じ仮想通貨でも、ビットコインではなくリップル（Ripple）を支持しています。リップルは、ビットコインやブロックチェーンが発明される以前、二〇〇四年から実用化されています。今でこそブロックチェーン技術が採り入れられて取引情報が分散的に記録されていますが、リップルは「リップル社」が完全なコントロール下に置いている、既得権益的で中央集権的（セントラル）な仮想通貨です。その点はビットコインと大きく異なります。

そのようなリップルをグーグルが支持しています。裏を返せば、ビットコインのように特定の統制機関が存在しない非中央集権的（デセントラル）な仮想通貨だと都合が悪いのかもしれません。

個人のニーズに合った問題解決を、ブロックチェーンで実現

グーグルは同じキーワードで検索を受けたら、誰にでも同じ検索結果を返しています。個別に調整してはいますが、中央集権には変わりません。というより、そうするしかないのです。ここに機械検索の限界があります。

本来は、同じキーワードで検索していても、利用者の個別的な事情によって、サイトの重要度が異なるはずなのです。バックボーンが違えば、欲しい情報も違って当然です。

そのようなグーグルの弱点を克服するのがPeer-to-peerのQ＆Aサイトだと、オウケイウェイヴは考えています。

検索エンジンとQ＆Aサイトは、まったく違うジャンルのようでいて、じつはかなり接近した関係にあります。

Q＆Aサイトを続けているうちに、質問と回答が蓄積されていきます。仮に同じ質問をしていても、質問者の個性によって回答は変化することもあるでしょう。ここには、オウケイウェイヴがグーグルに負けないプラットフォームになり得る素地があるのです。

オウケイウェイヴには、今までの膨大なQ＆Aの蓄積を活かしながらブロックチェーンを応用し、将来的にはキーワード検索よりも有効な困りごとの解決を進めていく計画があります。

もともとインターネットはPeer-to-peerであり、遠くにいる「特定」の人たちがそれぞれに繋がる技術でした。

しかし、その発達の過程で、イーサーネットという組織内で発展したローカルなネットワークの技術をベースに採用せざるをえなくなり、この時に、Peer-to-peerを捨てて、URLというページの住所を「参照」するための中央集権的な構造になってしまったという過去があります。このURLを「参照」する時に、横に「広告」を出して、お金をもらうというビジネスモデルが生まれ、ヤフーが誕生し、それを利用してグーグルが生まれたというわけです。

人々には「知る権利」があり、人々が大量の情報を知るためにインターネットが果たした役割が、極めて大きいことは確かです。

しかし、以来この一社が情報の住所を握り、誰の記事が良いかどうかを決める権利を持っているという脅威は変わることなく今に続いています。最近では、指定した形式でコンテンツを書かないと検索結果の上位に表示しないということまで言いだしている始末です。


かって、アップルコンピューターは伝説的な広告「１９８４」で巨大な中央集権的な巨大企業のアイビーエムから人々を解放する姿を描きました。これを可能としたのが、パーソナルコンピューターとゼロックスのパロアルト研究所が開発したグラフィックユーザーインターフェイスでした。

オウケウェイヴは困った人に、知識などの解決策を得られる自由を提供したいと考えています。これを可能にするのがブロックチェーンの技術を使った、非中央集権型の知識評価と人の仲介システムです。

つまり、「大きくなりすぎたインターネットを修正し、コンパクトなコミュニティをたくさん繋げる」ネットワークですね。

このビジネスモデルは「広告」ではありません。困っている利用者が、解決策を得て、その感謝を価値に変えて贈るのです。これを実現するための鍵として用いられるのが、仮想通貨です。質問に対する回答への感謝を、ビットコインなどで気軽に渡せるようにするシステムです。

さらには、どの人が、どれくらいの回答を寄せて、感謝されたかで、社会的な評判を目に見えるかたちにし、みんなで共有していきます。

そして、独自の仮想通貨を発行するＩＣＯプラットフォームが、すでに動き出しているのです。

心が温まるＩＣＯプラットフォームへ

オウケイウェイヴの関連企業である「OKfinc（オウケイフィンク）」は、仮想通貨による資金調達について、企業への助言を行い、プラットフォームにＩＣＯを上場させるサポートを行う、新規のコンサルティング会社です。

仮想通貨取引所に二〇一七年の八月から具体的な検討を進めて、その二カ月後にはマレーシア連邦特区にて事業を開始しています。事業においてはスピード感を重視しているからです。

もちろん、早ければいいというものではなく、拙速に陥って事業が失速しないよう、事前準備は丹念に行っていきます。

OKfincが提供するICOプラットフォーム「Wowoo（ワォー）」で、ICOを発行する際には、イーサリアムをベースにした独自のICOトークンであるWowBit（ワォービット）を利用することができます。

このプラットフォームは、トークンの交換だけでなく、感動的な成果物の制作者に対して、投票権などで感謝の気持ちを表明する場ともなります。

また、提携するQRCというICO格付け会社によって審査が行われることになっています。ICOの審査内容は、IPOのそれとは大きく異なります。

- **ブロックチェーンで仮想通貨を作れる技術者がいるかどうか。**
- **ブロックチェーンを用いた独自技術（改ざん防止データ、スマートコントラクトなど）をプロジェクトに盛り込んでいるかどうか。**
- **創業者の身元がハッキリしているか（後で逃げ隠れしないか）。**
- **身元がわかっている有名な人物が出資を表明しているか。**

よって、書面や口頭での報告を受けるだけでなく、ＩＣＯを実施しようとしている会社のオフィスを視察するなどして、大げさな報告がないか、生の経営実態を把握しなければなりません。

証券取引所が、ＩＰＯで上場しようとしている会社について、審査するポイントとは大きな差が出るでしょう。

また、ＩＣＯがマネーロンダリングに悪用される危険性もゼロではありません。オウケイウェイヴが展開するＩＣＯコンサルティング企業の「OKfinc」や、ＩＣＯプラットフォームを運営する「Wowoo Pte.」は、マネーロンダリングをチェックするポーランドの企業と連携して、そのリスクに対処する構えです。

その企業は、仮想通貨のトランザクション（取引記録）のうち、他のトランザクションとの繋がりが今までにないのに関わらず、初めての送金で高額の資金が動いている場合やその他の不審な動きを、ＡＩによるディープラーニングによって突き止め、他の調査機関とも連携し、今では、各トランザクションがマネーロンダリングによるものだという疑惑を、高確率で算出することができるシステムを完成させています。

ＩＣＯプロジェクトにおいて、立ち上げ時の人数が少ないからといって、成功に不利になるとは限りません。

最初はたとえ一人でも、プロジェクトのアイデアに未来への希望を抱かせてくれて、その人の持っているスキルに、そのアイデアを実現させるに足りる潜在能力があれば、ＩＣＯで多額の資金を集めて、最初から大胆に展開していくことも不可能ではないはずです。

今までの経済構造ではあり得なかったことが、これからたくさん起こっていく可能性があるのです。

◇

大切なのは、メンバーの多さよりも、誰のどのような能力を組み合わせるか、ということになるのでしょう。プログラミングの才能に長けた人は、マーケティングの把握に弱い傾向がありますし、お金の計算に強くてもアイデア出しが苦手という人もいます。それぞれの苦手分野をカバーしあうチームを組むことができれば、プロジェクトが少数精鋭でうまくいく望みも出てきます。これは起業の本質とも言えますね。

ＩＣＯには無限の可能性があります。今であれば、ＩＣＯをしたこと自体がニュースになりやすいので、斬新な事業アイデアや、商品やコンテンツの知られざる魅力が世間に広まるチャンスでもあります。まだアイデアしかない段階から、前もってファンを作れるかもしれません。

また、ＩＣＯトークンを通じて、事業者と出資者が直接繋がり、世界中で応援してもらえる関係性を築けるのは、ワクワクするし、夢が広がると感じる方も多いのではないでしょうか。

生産者と消費者の間に、強い中間業者がいる業界では、そのしがらみから抜け出して、直接やりとりができるチャンスだといえます。

世界の人々を、質問と回答の連鎖で繋いできたQ＆Aサイト、オウケイウェイヴの関連会社が、そのようなＩＣＯプラットフォーム（Wowoo）を立ち上げたのは象徴的な出来事であると考えています。

Wowooが、仮想通貨投資の場だけではない、人間くさい温かさの伴う場として整備されれば、ＩＣＯプラットフォームの領域にも「個性」が盛り込まれ、ＩＣＯは新たなステージへ向けて発展していくことでしょう。

対談企画

仮想通貨とＩＣＯに対する思いと未来展望

兼元謙任（オウケイウェイヴ 代表取締役）

×

松田元（オウケイウェイヴ 取締役）

仮想通貨事業に参入を開始したオウケイウェイヴのお二人に、仮想通貨が今後どのような形で社会に入りこんでいくのか。また将来の社会で仮想通貨が、どのような立ち位置になってくるのか。そしてＩＣＯを活用する企業や団体が増えていくことによって、どのようなメリットとデメリットが起こってくるのかについて、ざっくばらんに対談をしていただきました。

OKWAVE
est answe

■ＩＣＯを通じて、優しいフラットな繋がりができる

兼元「仮想通貨って、まだまだ社会的なイメージがよくないですよね。『ビットコインですよね？　あの、マウントゴックスの？』って、まだ聞かれます。また、学生向けの投資説明会に登壇したときに、ＩＣＯについての解説をすると、『せっかく日本円が金《ゴールド》に裏づけられているのに、ＩＣＯみたいな、金に裏打ちされていないお金が普及すると、おかしなことになるのではないですか？』と、ある学生が聞いてきました。金本位制なんて、とっくの昔に終わっているのに、いまだに日本円が実物資産に裏づけられているという幻想の中にいる人が多いのが現実です。もちろん、長期的に資産として保有するなら、金がいいか、ビットコインがいいかという選択はありますが」

松田「自己洗脳にかかっているのかもしれません。埋蔵量に上限があり、使い途は少ないけれども価値があると、多くの人々が認めているという点で、金とビットコインは共通していますし、比較されやすいのですが、概念そのものが全く異なります。たとえば数億円分の金を持っていても、持ち運びが大変ですし、すぐに換金することはできません。しかし、数億円分のビットコインは、どちらの課題も解決します」

兼元「天才だよね。このブロックチェーンの概念を生みだしたナカモト・サトシという人は。どうして、こんなものを考えることができたんだろう。謎の人物ですよね。宇宙人かな（笑）」

松田「そうですよね（笑）。いわば、現代のオーパーツといえるかもしれません」

兼元「まさにオーパーツだよね？　こんなの、よく考えたよね。それと、ある仮想通貨取引所で働いていた人が他の方から、『あなたは株式会社ビットコインにお勤めなんですね』と言われたことがあるそうです。ビットコインに関係する会社は、株式会社ビットコインの子会社だと思われたと……これもまた、面白い発想だよね」

松田「マウントゴックスが破綻したときも、多くの人にとっては『ビットコインの会社が潰れた』とか『ビットコインの社長が逮捕された』、だから『ビットコインは怪しい』という認識でしたからね」

兼元「だけど、あの事件はビットコインのいい面を象徴しているとも思うのです。あの社長がやらかしたことが、今でもビットコインのトランザクションでずっと残っているのですからね。金融を扱う人間による悪事の傷跡が、社会的にずっと消えずに残存している。こういうテクノロジーって今までにありませんでしたよね。金利の話とともに、このテクノロジーについても早く学校教育で取り入れてもらい、子どもたち、若い人たちに知ってほしいですよね」

松田「ええ、ぜひ学校で教えてほしいですね。もともと、紙幣そのものに価値はなくて、それを流通させている人の信用で担保されているわけじゃないですか。その信用の指標が、金利です。その金利を人が管理できてしまったのが問題なのです。ドル建てやユーロ建てで、各国が金利を設定して、様々な格付け会社が不当に高い評価をしたために、今までは国家の都合で意図的に信用を作出できてしまったのです」

兼元「なるほど、確かにね」

松田「だけど、仮想通貨ではそんな身勝手な操作ができなくなります。ユーザーの間で相対的な価値が評価され、いいことをしたユーザーには価値が集まり、インチキをしようとしたユーザーの行動は、すべてトランザクションとして履歴が社会的に残ってしまいます。革命的な技術ですよね。その革命的な技術を使って、立ち上がったばかりのベンチャー企業が、あるいは個人がＩＣＯを実施できるわけです。自分たちの価値観を体現する経済圏を独自に形作れるようになるのです。これからは、国家によるピラミッド型の支配構造が変わっていく。崩壊するとは言いませんが、変わっていくでしょうね」

兼元「新しい統治の形になるでしょうね」

松田「そうです。ＩＣＯを通じて、上下関係ではなく、フラットなネットワークが無数に存在するイメージを持っています。社会を豊かにしたいという思いがあるプロジェクトに、自然とお金が集まるようにするのが、ＩＣＯというものに対するイメージです」

■世界中で『ありがとう』をやりとりできる社会へ

兼元「従来型の通貨でいうと、かつて、ユーロも同じようなフラットな関係性を目指したと思うんです。ただ、そうなると、ＥＵ加盟国の中でも物価が安い国は、物価が高い先進国に、商品の価格を近づけるしかなかった。なので、庶民はいくら働いても生活物資すらも満足に買えない不都合がありえたわけです。これから、仮想通貨でも同じようなことが起こりえます。まさに社会実験ですよね」

松田「おそらく、ユーロ圏の中にも、ビルト・イン・スタビライザー（財政制度によって景気変動を安定化させる仕組み）があるはずで、ビットコイン傘下におけるＩＣＯなどのアルトコインでも、それは起こりうるという仮説を持っています。あるいは、リップルのように、価格が上がりそうになったら市場に供給して、中央集権的に価格を安定させるアプローチも、別の仮説としてありえます。通貨としての価値を安定させるＩＣＯがあってもいいですし、うまくいくと思います」

兼元「仮想通貨で、すべての国境の壁が事実上、取り払われてしまう時代も来てしまうのだろうね」

松田「もはや、国という概念も、徐々に無くなっています。日本にいなくても、日本の仕事ができるようになっている時代ですからね」

兼元「もちろん国境は無くならないだろうけど、国境が、日本でいう県境ぐらいの感覚になるのでしょうね」

松田「いわば『廃県置藩』ですよ（笑）」

兼元「えっ、明治維新？　世界の？（笑）」

松田「そして、それぞれの地域で、ＩＣＯという藩札を刷ればいいじゃないですか。たとえば、ギリシアでエーゲ海の素晴らしい景色を楽しむための、そんなＩＣＯがあってもいいかもしれません。人間としての感性やコミュニケーションまで、独自通貨として交換されていく時代が、やがて来ると考えています」

兼元「概念でお金を集めることができるんですよね」

松田「そうです。そんなＩＣＯの価値が、国が発行する通貨を超えていくことも、決して荒唐無稽な話ではありません。僕らオウケイウェイヴが進めようとしていることは、まさにそのような流れで、オウケイウェイヴがこれまでＱ＆Ａで蓄積してきたデータベースを通じて『感動の価値化』を図りたいです。これまでの資本主義社会が価値を付けられなかった概念に、仮想通貨で価値を付けていきたいと考えています」

兼元「それに関連して言うと、グーグルやアマゾン、ファイスブックなど、従来型のウェブサービスが進めてきた評価って、それぞれの企業の価値観で決めた中央集権的な絶対評価だと思うのです。グーグルはその典型で、個別に結果をアレンジしているとは言ってはいますが、世界中のサイトの価値を独自基準で決めておいて、検索者の潜在的欲求や個性は横に置いたうえで、同じ検索ワードなら基本同じ検索結果を出しているわけですよ」

松田「そのとおりですね。昔なら通用したのでしょうけど、今の時代には合わないと思います」

兼元「僕らがやりたいことは、ICOもさることながら、これまでQ&Aサイトとしてオウケイウェイヴが創業からずっと集約、蓄積してきた四六〇〇万以上の『ありがとう』と、さらにQ&Aの過去ログを全面的に、みんなに公開することです。四六〇〇万の『ありがとう』は、オウケイウェイヴにとって、社会にとって、かけがえのない公的資産ですから、有効

に活用したいです」

松田「そういった質問や回答などの個人の活動を、ブロックチェーンに載せると何が変わるかといえば、たとえばクレジットカードの審査がありますね。この人はどんな会社に勤めているのか、ブラックリストに載っていないか、一度でもそういった信用情報を減点方式で、マイナス目線で審査するのですよ。だけど、『この人はオウケイウェイヴに毎日のように好回答を投稿している』ということなら、たとえ小さな会社で働いている人だとしても、かなりマジメな人だとわかりますよね。その記録さえ見せれば、すぐにカードを作ってくれてもいいじゃないですか」

兼元「そうですよね。『ありがとう』をもらうこともそうですが、『ありがとう』を他人にあげた人も評価されるべきだと思います。このように『ありがとう』の価値を個別に流通させたかを共有することが難しかったのは、それが累乗の計算量になるため、従来の非力なコンピュータでは十分な処理ができなかったのです。これからますますコンピュータの処理速度が上がれば、今後は人々の理解も得ながら普及していくのではないですか？　ただ、近い将来に量子コンピュータが実用化されれば、そもそもブロックチェーンの暗号もあっさりぶち破られるらしいですが（笑）」

■仮想通貨は、政府にとっても都合がいい

松田「昔、作家のミヒャエル・エンデが『これから地域通貨が出回って、広まっていけば、各地域の文化性が露《あら》わになって、価値が付く』と語ったことがあるのですが、結局は実現していませんでした。そして、時代を超えてミヒャエル・エンデの構想が、ＩＣＯによって、ようやく形になろうとしています。その下地ができています」

兼元「ミヒャエル・エンデって、『ネバーエンディングストーリー』の原作者だよね？」

松田「そうです。ＩＣＯが実現しようとしていることは、世界各国の文化や宗教、様々なユースケースにおいて通貨が発行される仕組みだと僕は思っているのです。ドル・円・ユーロという三大通貨がなくなって、ビットコインのブロックチェーン技術を担保にして、そのほかＩＣＯなどのアルトコインが流通していくと考えています」

兼元「ビットコインが基軸通貨になるのですか？」

松田「はい、僕は、ビットコインがすべての通貨のベースに、出発点になると思っています」

兼元「同じ仮想通貨でも、リップルはどうですか？　松田さんはリップルを支持していましたよね」

松田「将来的にどうなるかは、正直わからないですね（笑）。でも、金融理論でいえば、すべてのユーザーが、すべての通貨の価値を需要と供給の関係のみで、相対的に算出するというのは、暴騰や暴落が起きたときにコントロールできなくなって危険だと考えています。仮想通貨の価値が上がりすぎたら、その通貨を市場に大量投入して、価格を調整するコントロールタワーの存在が必要です。ビットコインには存在しませんが、リップルはリップル社が大量に保有しています。市場に出回っているのは、ごく一部です」

兼元「なるほど、価格が安定的な仮想通貨も必要でしょうね」

松田「たとえば、ビットコインの値段が高騰しすぎたら、ビットコインの保有者だけが永久に金持ちになってしまい、世の中のバランスが歪みますね。彼らがもし非常時などに生活必需品を買い占めたら、水一リットルで一ビットコイン支払わなきゃならなくなって、でも『一ビットは一億円です』なんて言われたらたまったものじゃありません。貧しい人でもビットコインを入手できるしくみが必要で、そのカウンター、対抗馬としてリップルのような仮想通貨があるといいなと思っています」

兼元「基軸が複数あったほうがいいということですね？」

松田「そうです。極端な円高に振れたときに為替介入するような余地が、仮想通貨の世界にも必要だと思っています。理想論を言えば、すべてビットコインで統合されればわかりやすいのですが、そう簡単にはいかないだろうと思います」

兼元「円やドルなど、既存の通貨はどうなるのでしょう？」

松田「無くなるんじゃないですか？」

兼元「いや、無くなりはしないでしょ（笑）。仮想通貨は便利だけど、社会構造的には、併存すると思いますよ。ただ、従来からある既存の通貨、お札や小銭の位置づけは変化して、もしかすると、仮想通貨を補助する役割になるかもしれません」

松田「今は、日本を含めて世界中で、お札をジャンジャン刷りまくっていて、通貨の総量は増えているはずなのですが、市中に出回っていないんですよね」

兼元「そうなんですよ。銀行口座、預金通帳の中に数字で載っていて、振り込みやカード払いで残高が増えたり減ったりいる。それが大半です。それが仮想通貨、ブロックチェーンによって、より安全に移動したり貯蓄されたりする。それだけの違いなのでしょうね」

松田「余っている通貨は、銀行などの金融機関に滞留されたままになっている、あるいは国債に替わっているだけなのです。これらを仮想通貨に替えることができれば、デノミネーション（通貨単位変更）が起きます。つまり、過重債務を抱えた国の借金について、政府がリセットボタンを押せるようになるのです。もし、日本円を仮想通貨に変換したら、日本の借金のリセットが可能ということですね」

兼元「それ、言っていいの？（笑）」

松田「ここだけでなくて、あちこちで言っているから大丈夫でしょう（笑）。日本の借金が一〇〇〇兆円あまりで、現在の仮想通貨市場に投入されている資本の総額が約37兆円といわれていますが（二〇一七年十一月末現在）、あと数年も経てば、一〇〇〇兆円を大きく上回るでしょう。そうると、日本の債務を仮想通貨でガッチャンコしてリセットすることもできます」

兼元「そういう理由で日本円が仮想通貨になったりしたら、大変なことだよ（笑）」

松田「もうひとつ、日本円を仮想通貨に替えるべき理由は、マネーロンダリングの防止です。誰から誰へ移ったか、手渡しなら記録が残らない現金と違って、ビットコインなどの仮想通貨ならトランザクションで記録が社会全体に分散されて残っているので、おかしな取引をシステムが検知したら送金をストップできますし、すぐに足が着いちゃうんです。法規制だけでなく、仕組み、技術によっても不正を食い止められるので、国家にとってはむしろ、仮想通貨のほうが社会を管理しやすいといえます」

兼元「そうか、ビットコインは、非中央集権での管理を目指してつくられたけど、その反面で台帳の追っかけができてしまいますからね」

松田「新しい画期的なテクノロジーの目指す方向が、国の中央政府が望む方向性と一致しているのは、珍しいですね。今は、ＩＣＯが合法か違法か、世界中で議論されていますが、いつ、誰から誰へいくら渡ったか、トランザクションを後から辿って追いかけられるという事実さえ確認できれば、ＩＣＯはいずれ必ず推進されます。ＩＣＯが普及すればするほど、経済の流動性が上がるからです」

■ＳＦ小説の世界観を実現しようとする仮想通貨

兼元「プロジェクトへの出資を募る方法として、ＩＣＯに近いものに、クラウドファンディングがありますよね。人々からの善意を集めてプロジェクトを進めるという点では、かなりいいところまで行っているのです。でも、日本で何千万円、何億円といった大きな額はなかなか集まりませんし、新製品を作るためのクラウドファンディングは、ほとんど予約販売のECサイトみたいになっています。世界的に見ても、クラウドファンディングの最高額っていくらぐらい？」

松田「スマートウォッチの企画が、相当集めています（七日間充電不要の「Pebble Time」制作企画が約二〇〇〇万ドル、約二十四億円以上集めている。日本では、完全ワイヤレスイヤホン「Air」制作企画が1億円弱を集めた）。だけど、何百億、何千億と集まることはないですよね」

兼元「なぜ、なかなか出資が集まらないかというと、クラウドファンディングだと善意が社会に流通しないからだと思います。プロジェクトへの善意を流通させられるのがICOです。もっとも、銀行から借り入れできる程度の額しか集まらないICOもあると思いますが」

松田「クラウドファンディングのリターンを受け取れる立場を売買できるようなものですね。だけど、ICOは、その発行会社から何か受け取るというよりも、キャピタルゲイン（売却益）への期待がリターンです。つまり、ICOの価値の上げ下げが、プロジェクトが成功するかしないかという結果から離れて動く可能性もあるのが、クラウドファンディングとの決定的な違いであり、革命的なところです」

兼元「プロジェクトが社会的に共感されるかどうかが大切なのですね」

松田「ICOは、もはや経済価値を超越しているわけですよ。今までだと、売上げをあげて、経費を削って、営業利益を出して、税金を払って、余った利益をみんなでシェアするというのが会社経営でした。しかし、ICOの出現によって、そうした会社経営の基本がどうでもよくなるのです。そのプロジェクトが社会的に共感され、リスペクトされ、ユーザーを増やせるかどうか、これらの点を押さえればICOで資金調達できるのです。共感される価値が、経済的な価値になるのです」

兼元「コリィ・ドクトロウのSF小説で『マジック・キングダムで落ちぶれて』という作品があるのですが、非常に科学技術が進歩している世界で、自分の脳内に溜まっている記憶をクラウドに上げて保存しておけるのです。衣食住に不自由はなく、何でもロボットが代行して、人間は楽しいこと、趣味嗜好、そしてスリル、ある意味危険なことしかしないんです。だから、危険を冒して不慮の死を遂げても、自分の細胞を元にしたクローン人間に記憶をダウンロードさせて、人生をやり直すことができる世界です。事実上の不老不死と言えます。人は楽しいことばかり繰り返していると、だんだん空しくなる、そして、何回か生まれ変わると、他者への貢献を始めるんです。アミューズメントパークでお客さんを楽しませる仕事に就くのですね。人々から感謝されると『ウッフィー』という価値が贈られて、それでアイスクリームを買って食べられるというストーリーです(笑)これって、仮想通貨が描き出すであろう世界そのものですよね」

松田「そうなんですよね。ただ、仮想通貨で一番知名度があるビットコインですら、まだ世界で約一二〇〇万人(約六〇〇人にひとり)しか持っていないんです。今はまだ物珍しさが勝っているし、投機目的での保有が大半でしょうが、感謝の気持ちを具体的に交換できる手段として、ICOにはすごい可能性があります」

兼元「松田くんが「OKfinc(オウケイフィンク)」に参加してくれたのは、オウケイウェイヴのQ&Aって凄い資産なのに、オウケイウェイヴの財務諸表に反映されていない、おかしいというところが動機だったというね」

松田「そうです。あのQ&Aは集合知の結晶で、本当に凄いと思いますね」

兼元「グーグルのような検索エンジンが限界に来ていると思うのは、人が知識や解決策を探すときに、特定の民間企業一社が決めた基準で、解決策の優先順位が決められてしまう状況に無理があるからです。それと、検索結果のそばに広告が貼ってあるのも時代遅れですよね。あなたは、その疑問に対する価値ある解決策は無料で読んでいいけど、それはそれとして『何か買ってくれ』というやり方は違和感を禁じえないですね」

■金持ちアピールは、ますます『イタイ』雰囲気になる

兼元「日本がこれから経済的に進歩するとしたら、どういう領域だと思いますか。それを聞きたいな」

松田「領域ですか」

兼元「この経済大国が、これ以上進歩したら、どうなると思います？」

松田「みんな、暇になるんじゃないですか」

兼元「そうだよね（笑）　まさに『マジック・キングダム』みたいな話が現実になりうるのですよ」

松田「日本に限った話ではないですが、資本主義社会というのは、効率化を軸に進められてきたわけです。限られた時間をどうやって一〇倍、一〇〇倍に効率化できるか、収益手段を効率化するほど企業は利益を上げられます。ＡＩやブロックチェーンなど、あらゆる最新技術を使って効率化を徹底的に突き詰めた結果、人々の時間が余ってしまうんでしょう。レジャー文化が発達して、人々は働かなくてもベーシックインカム（基礎所得保障制度）で生活を送れるようになります」

兼元「もうひとつ、お金に生きるか、それとも哲学に生きるか、という選択があると思います。古代ローマの時代は、哲学者が尊敬の対象でしたが、彼らが働いて稼いでいたとは思えないですよね。現代の価値観では『そんなことばっかりやっていちゃ、食べていけないよ』と、注意されてしまいそうな立場です。僕もかつて絵を描いていたから、食べられない辛さはわかるんですが、心とか魂とか、日頃の行いが具体的な価値を帯びる時代が来てほしいですね。ＩＣＯによって、時代はその方向へ舵を切りつつありますが、今はまだ過渡期だとも思います」

松田「感謝や感動の心とお金を交換する機能を持つシステムが、まだ無いのでしょうね」

兼元「いつ、できるのだろう？」

松田「僕らが作るのですよ！」

兼元「（笑）そうなんだよ、すごいな！　そういう価値観の転換が起きれば、いま、金持ちを気取っているだけの醜さが、ますます露《あら》わになってくるでしょう。この新たな価値観の中では、ある意味で貧乏です」

松田「たとえば、ある個人が一〇億円を寄付するという場面で、一〇億円という額面の絶対価値で見ると、それを寄付するのはすごくいいことなのですが、でも、その人がもし、資産を一兆円持っていたら、かなりケチな話じゃないですか」

兼元「お小遣いを一〇〇〇円持っている子どもが、一円寄付するようなものですよね。それを出せない人がいたら、相当ケチですよね」

松田「でも、資本主義社会の価値観だと、一〇億円寄付できる人は、やはり偉いんですよ。だけど、あるものに価値があると判断するのは、個々の判断です。本当はなけなしの一〇〇円のうち、九九円を見ず知らずの困っている子どものために寄付できる人のほうが、圧倒的に価値があるのですが、今の資本主義の仕組みだと、その圧倒的な価値を客観的に認めることができない。寄付金額の絶対値が評価軸になっている以上は、そうならざるをえないんですね」

兼元「そうなんですよ。中には本物もいますが、大金持ちがごく一部を寄付して、社会貢献をアピールするのって、醜悪でしょ。イタイですよね」

松田「ええ『イタイ』という言葉がピッタリ当てはまります。そういえば、近ごろ、システムが人を評価する仕組みとして流行っているのが、フェイスブックの友達数や、ツイッターのフォロワー数が多い人ほど、スコアを高くするというやつです。でも、フェイスブックをやっていないけど凄い人はたくさんいますし、ツイッターのフォロワーが数十人ぐらいしかいなくても、熱く支持されている人もいます。SNSの影響力だけでは測れない価値がたくさんあるはずです」

兼元「ＩＣＯの推進によって、温かい心の持ち主がお金を得られる。それで大金持ちになるというより、豊かになるということです」

松田「オウケイウヴェイヴを通じて、温かい人にたくさんの『ありがとう』が寄せられ、その『ありがとう』が仮想通貨建てになっていれば、数年後には円やドルに替える必要すらないわけです」

兼元「僕が子どものころ、祖父から教わった大事なことは、『欲しいものは、店で預かってくれているものと思え』です。たとえば、フェラーリとかポルシェみたいな高級車も、所有しなくたって、店に行って頼めば試乗させてくれるじゃないですか。それって、ある意味で預けているようなものですよね」

松田「それは、シェアリング・エコノミーの走りなのかもしれないですね。そもそも、今の若い人たちは、高額の資産を所有することに興味を示さず、『使うときに借りればいい』という考え方になっているようですね。そういうニーズは、世界的にも広まっていると言えます」

■ＩＣＯは「コミュニティ化される社会」を象徴している

兼元「そもそも、ＡＩが発達して、大半の面倒な仕事を代行してくれて、衣食住が保障されたとき、人間は何をするかですね。レジャーに生きるのかもしれない」

松田「僕は、ゲームをやるか、株をやるかですね」

兼元「株をやるの？　株がレジャーだという考え方？」

松田「あんなに楽しいもの無いですよ。世界中の凄く頭のいい人が集まって、しかも、アルゴリズム売買あり、ボットもいるわ、ＡＩはいるわ、それで負けたら全部自分の責任なのですから、最高ですよね」

兼元「僕は芸術系ですね。物をデザインし作りたい。仮想通貨を保存しておくための、財布の機能を持ったリアルなウォレットを作りたいですね。機能はシンプルで、どういうデザインがいいか、どんな形であるべきか、最近はいつも考えていたりします（笑）」

松田「それを作る資金も、ＩＣＯで集めましょう」

兼元「いいですね」

松田「これも不思議な話で、そのウォレットを作るプロジェクトに賛同する人、ウォレットが欲しい人がたくさん集まれば、それで資金が集まって、実際に形になるわけです」

兼元「賛同が集まれば、凄いことになりますね」

松田「今までは、みんなが同じ物を与えられて、みんなが同じ物を使う、できるだけ統一していく、統合・グローバリズムが幅を利かせてきました。通貨も、ドル・ユーロ・円といった先進国の限られたものを世界中で使ってきました。でも、トランプ大統領が誕生して『アメリカ第一主義』を謳ったように、世界はいくつにも分断されて、それぞれの国、それぞれのコミュニティで、独自に心地いい状態をつくっていくのだと思います。マニアックなウォレットが好きな人は、また独自のコミュニティをつくって楽しむのでしょう。その中で独自のトークンが流通し、独自の経済が回っていくようになります」

兼元「出来上がったウォレットは、たくさんの人に使ってほしいけどね（笑）」

松田「人に感謝したり、褒めたり、そういったコミュニケーションまで含めて、あらゆる人間の社会活動を資本主義に変えることができると、むしろ、非資本主義的な社会になるのですよ。もし『貴方の笑顔が素敵』などのメッセージまでトークンに替えることができれば、通貨がどんどん多様化するので、『これが資本主義である』という一義的なものが通用しなくなる時代に移っていくと思います」

兼元「デザイナー出身者として、このことをデザインの観点でいうと、それぞれの地域で独自につくって消費していたものが、大量生産の時代に入って、みんなが同じ物を使って、同じ服を着るようになったのと似ていますね。もちろん、生活必需品を誰でも安く買えるようになったので、大量生産にも功績はあるんですが、たくさん買ってもらって会社が利益を出すために、必要ない物を必要だと思わせるよう、人々を広告で『洗脳』しなければならない。『ありがとう』を言うどころの話じゃありません。今、大量生産のひずみが生じていて、それが人々の心を害していると思いますね。３Ｄプリンタなどで、個人が欲しいものを、個別に生産できるようになってきてはいますが、それもまだ実用としては限定的ですよね」

■ＩＣＯは、古い資本主義の常識をひっくり返す

松田「また、これも資本主義の歪みですが、目の前の人々を楽しませることよりも、儲けを出すことが目的化してしまうと、倫理感に欠けたことをしがちです。人を傷つけたり恥をかかせたりする記事を書いて部数を伸ばしている週刊誌やスポーツ新聞があります」

兼元「もちろん良いものもありますが、あのような扇動で読者を喜ばせていて、社会貢献になっているのかというと、それも違います。人のネガティブな感情を引き出して、助長させせ

ていますよね」

松田「飲食店でも、平気で賞味期限切れのものや、適切な処理をしていないものをお客さんに出して、健康を害したり、食中毒を起こしたりですとか、最悪なことをしているところがあり、恐ろしいですよね。ですから、ＩＣＯをまっさきに行わなければならないのは、メーカーやサービス業など、一般消費者と向き合わなければならない BtoC 産業だと思います」

兼元「そうかもしれないね。大量生産やグローバリズムの時代から、無数のコミュニティがあって、個人がそれぞれ心地いいところに所属する時代に移るとして、ＩＣＯはどうあるべきだと思いますか」

松田「Wowoo（ワォー）のようなＩＣＯプラットフォームは、世界への発信を意識して大規模に展開しつつ、そこで行われるそれぞれのＩＣＯプロジェクトは、企業とＩＣＯホルダーとが属する個別のコミュニティのようになっていくのだと思います。ＩＣＯプラットノォームは、大きな方向と小さな方向の両面が内在するような場になっていくはずです」

兼元「地方の手作りの名産品が、ＩＣＯを通して世界に発信されて、実際に外国人観光客が増えたりしたら面白いよね」

松田「そのためにも、Wowooは世界最大級のＩＣＯプラットフォームを目指していくわけです。WowooでＩＣＯをする人は、資金調達のために『このプロジェクトは、どのような社会貢献になるのか。誰にどう喜んでもらうのか』から逆算して考えていくはずですから、これって凄いことですよね。オウケイウェイヴのようなＱ＆Ａサイトが母体にあるからこその独自性があるプラットフォームだと思います」

兼元「そんな心温まるプラットフォームを作っていくことに、トレーダーである松田さんが力を貸しているから面白いのですよ（笑）」

松田「（笑）これでも株で稼ぎながら『俺って、最悪だな。社会的価値が無いなぁ』とか思っていてですね」

兼元「そんなことないよ！」

松田「でも、トレーダーをやっているからこそ、わかることもあります。世の中には不適正な価格が付いているものがたくさんあるのです。僕が兼元さんのオウケイウェイヴと、その時価総額のことを知ったとき、これは完全にミスプライスだなと思いました。ウェブ上でこれだけたくさんのQ＆Aが掲載され、大勢の質問者と回答者の間で無数の感謝がやりとりされているのに、どうして時価総額に反映されないのだろうと」

兼元「オウケイウェイヴのことを投資家説明会で話したりもするのだけど、難しい時もある。『四六〇〇万のありがとうが交換されている』と説明しても、どうも伝わっている感じがないんだよね。株の配当など、儲かる話のほうが気になるのでしょう」

松田「すごく将来性のある話だと思うのですが。たとえば農業でいうと、農家が収穫した物を全国へ流通させるために、JAを通しますが、JAは中間マージンとしてお金を相当取るわけです。農家が作りたい物をつくっても、流通させてくれないという制約があります。でも、農家がICOをして、その農作物に対する支持者からお金を集められれば、自由に生産活動ができますし、農作物の直販も可能です。どこへ行っても同じような店があり、システム化された大量生産に人々が飽き始めている兆候があると思います。システムに自分を合わせるのをやめて、本当に自分の心が動かされるものを求めるようになっていく。

おそらく、これまでの社会とは逆回転の動きが起きていくでしょうね。ファンが付いている商品やサービスこそ、ＩＣＯをしたほうがいいと思います」

兼元「そうですね。同じような物をたくさん作って、効率的にたくさん売ることが資本主義の正義だとすると、物やサービスに対する感謝の気持ち、『ありがとう』という思いが薄れてしまいがちになりますよね。ＩＣＯは、そうした資本主義の古い正義を引き継いではいけないと思います」

松田「お金になるから、どんどん売れればいいじゃん！　だけになってはいけませんよね。ＩＣＯも同じで、プロジェクトを応援したい気持ちの反映として、トークンを買うという方向性になってほしいですし、値上がりするかどうかは二の次であってほしいですよね。ＩＣＯを発行する側も、単なるお金集めみたいなプロジェクトだと、支援がなかなか集まらないでしょうし、仮に集められたとしても、ちょっとしたきっかけで『詐欺』だと責められるなど、トラブルが起きるかもしれません。それは未成熟ですね」

兼元「ＩＣＯでは、ただ儲かるかどうか、ではなくて、プロジェクトが感謝や感動を生むかどうか、そのプロジェクトを通じて企業と人々が繋がりを感じられるかどうかがポイントになるのでしょう」

■個人の信用が可視化される社会

兼元「せっかく素晴らしい魅力や技術などを持っているのに、なかなか知られずに世間で埋もれている、そういう企業や取り組みをＩＣＯで発掘して、日の目を見ることができるようにしたいですね」

松田「ＩＣＯ自体がニュースになって、ウェブで話題になったり、マスコミで採り上げられたりするかもしれません。ＩＣＯを通じて、感動できるプロジェクト、気分がよくなるプロジェクト、世の中を変革するプロジェクトと、多くの人々との接点を増やしていければいいですよね」

兼元「地方の産業やイベント、観光資源などでも、素晴らしいのに知られていないものはたくさんあります。何かで認められたり採り上げられたりした実績がないと、助成金もなかなか下りず、せっかくアイデアがあっても進められなかったりする。それをＩＣＯで実現させたいです」

松田「ＩＣＯトークンという形で、感謝の気持ち、素晴らしいアイデア、様々な価値が流通していく世の中になるのは、本当に凄いことですよね」

兼元「たとえば、民泊情報サイトのAirBNBを使って、他人の部屋を借り続けながら生活している人がいるのです。その彼は、部屋の貸主からの高評価がAirBNBのサイトに貯まり続けることで、『世界中で〝こいつはいいヤツだ〟と言われている数』を自分の価値として認識しているらしい」

松田「いいことをし続ければ、お金なんて要らない世の中になっていくかもしれません」

兼元「オウケイウェイヴでも、Q&Aの『ありがとう』をブロックチェーンに載せて、仮想通貨で流通させる取り組みは、マストでやっていきましょう。そのためのICOも行っていきたいと考えています。世界中の『ありがとう』をブロックチェーンに載せて、その人の評価・評判を誰でも無料で見られるようにしたいのです。ゆくゆくは、クレジットカードを作ったり、部屋を借りたりする場合に、信販情報は関係なく、その人が今までに『ありがとう』をあげたりもらったりしてきた信用の積み重ねを審査の基準にしてほしいのです」

松田「そんな世の中を創るためにも、がんばりましょう」

インタビュー企画

ロジャー・バー氏特別インタビュー

二〇一七年十一月某日。東京都渋谷区にあるオウケイウェイブの本社内にて、ロジャー・バー氏へのインタビューをインターネットを通じて行いました。その時の内容の一部を掲載させていただきます。

二〇一七年十一月某日、「ビットコインの伝道師」こと、ロジャー・ヴァー氏のインタビューができました。

ビットコインが一枚一ドル前後（現在の約一万分の一の価値）の時代に、いち早くビットコインを購入し、投資家として大成功を収めるとともに、仮想通貨の魅力と将来性について、世界各地で発信し続けています。

今回は、ほぼ地球の反対側どうしで、ネット電話を介しての会話でしたが、ロジャー・ヴァー氏は得意の日本語を交えながら、つねに明るい雰囲気で質問に答えてくれました。

■ビットコインよりもビットコインらしい通貨

▼今現在、ロジャーさんは、カリブ海の「セントクリストファー・ネイビス」の国籍を取得して、そちらにお住まいだそうですね。

「そうです。今、夜中の1時半だけど頑張って答えます（笑）」

▼日本との時差で、昼夜が正反対になな状況の中、お疲れのところありがとうございます。

「大丈夫です」

▼ロジャーさんは、数年前、パソコンでネットサーフィンをしていて、たまたまビットコインの存在を知ったそうですが、ビットコインや仮想通貨の、何がそこまでロジャーさんを惹きつけたのでしょうか？

「見つけた瞬間、このビットコインというものが実用化された世界を想像して、とにかくワクワクしました。人類の歴史上初めて、世界中どこにいても、人から人へ直接お金を渡したり、もらったりすることができる革命的なテクノロジーに、興奮をおぼえました」

▼ビットコインですと、世界中でお金を自由にやりとりできるのが、今までにない魅力だということでしょうか？

「もちろんです。海外送金のためには、今までは銀行を通さなければなりませんでした。しかも、手数料が凄く高くなります。世界中にはたくさんの種類のお金があるのに、遠くの国に送るための手数料が安く済むお金が全然ないのは不思議でした」

▼確かに、海外送金の手数料が数千円ほどになってしまうと、一〇円とか一〇〇円とか、そういった少額のお金を送ることができません。割に合わなくなります。

「そうです。小さいお金でも送れるからこそ、みんな自由になれるんです」

▼たとえば、海外に義援金を送るときでも、子どもたちのお小遣いの中から少額のお金を送れたらいいですよね。それが世界中の大勢になると、ちりも積もれば山となります。

「また、お金を送るとき、他の企業や政府などからも許しが必要な場合もあります」

▼はい、マネーロンダリングやテロ資金の提供などと疑われてしまう場合があるから

ですね。

「だけど、ビットコインなら世界中みんなが自由に使えるのです。誰にも縛られません。そして、当時は凄く安い値段でビットコインを送れました。すべての人々がもっと自由になるための、素晴らしい技術だと思いました」

▼ビットコインが、人々をより自由にする重要なテクノロジーだと感じたわけですね。

「そう、国籍も人種も関係なく、この地球上にいるすべての人間が自由になれるのです」

▼ロジャーさんは、以前『ビットコインキャッシュ（二〇一七年八月一日にビットコインから分離独立した新たな仮想通貨）こそが真のビットコインである』と宣言して、新たにビットコインキャッシュの普及活動に努めていらっしゃいます。

「そうです。ビットコインキャッシュのほうが、今ではビットコインらしくなりました」

▼今までずっと、ビットコインを広める活動を続けてこられるわけですが、ビットコインよりも上回るという、ビットコインキャッシュの魅力について教えてください。

「たしかに、私はビットコインコアのことを初めて知って以来、ずっとビットコインコアを応援してきました。オウケイウェイヴの兼元さんに、二〇一四年に初めて会ったときには、会社のスタッフみんなに、スマートフォンでビットコインコア、一〇〇〇円分を送信しながら『これから凄い時代が来る』と言って、強く勧めました。当時、ビットコインコアの送金手数料は一円以下でした」

▼ほんの数年前は、ほぼ無料に近い、気にならないぐらいの安価な手数料でビットコインを送れたのですね。

「先ほども言いましたように、それぐらい安く送金できるのが本来のビットコインのコンセプトです。しかし、今では手数料が一回一〇〇〇円~二〇〇〇円ぐらいになっています。しかも、マイニングの作業で、次のブロックは確実に入っていました」

【注】元祖のビットコインのことを、ビットコインキャッシュやビットコインゴールドなどと区別する趣旨で、「ビットコインコア」と呼称する場合があります。

▼ 数年前は、ビットコインの送金詰まりなどが起きることはありえなかったのですね。

「そうでしたが、最近は、着金まで何時間も、あるいは何日もかかってしまうことがあります。それでは意味がない！ 銀行の海外送金と変わりませんし、ビットコインである意味がありません。すごく不便になってしまいました。本当に理解できません」

▼ ロジャーさんが一目惚れした頃のビットコインと比べたら、今では変わり果てた姿になってしまったのですね。

「変わってしまいました。送金の信頼性がないのです。だけど、ビットコインキャッシュの送金手数料は一円以下、しかもすぐに着金されます」

▼ ブロックサイズが、ビットコインの八倍になって、容量が大幅に増えていますものね。

「そう、二〇〇八年、ビットコインコアの発明者とされるサトシ＝ナカモトさんのホワイトペーパー（題名：『ビットコイン：P2P電子マネーシステム』）に書かれ

【注】元ビットコインは一定期間ごとに、すべての取引記録を取引台帳に追記していきます。この追記作業のために膨大な計算処理をし、この処理を成功させた人には、その見返りとしてビットコインが支払われます。

ていた説明は、今はむしろビットコインキャッシュのほうが当てはまります」

▼たしかに、そう書かれていましたね。

「遠い国へ安く送れない、しかも、いつまで経っても送金できないかもしれないビットコインを、ビットコインと呼びたくありません。そんなの、誰も使いたがらないでしょう。ビットコインコアを使うぐらいなら、普通のクレジットカードを使い続けるでしょう。それか、銀行振り込みですね」

▼ビットコインの登場で世界に金融革命が起きるはずだったのに、残念な気持ちですよね。

「すごく残念。だけど、ビットコインキャッシュのおかげで、世界中の人が再び、より自由にお金をやりとりできるようになりました。欧米の取引所は、かなりの割合でビットコインキャッシュを取り扱っているし、日本の取引所でも徐々に取引が増えています」

▼はい、(二〇一七年十一月に) ビットコインキャッシュがハードフォーク (不可逆的

【注】サトシ＝ナカモト論文の中には「(金融機関の) 仲裁コストが取引のコストを引き上げることによって、取引の規模は限定され、小額取引を行う可能性が失われる」との一節があり、現在の金融システムが抱える致命的な問題点を浮かび上がらせていました。

な分裂）を控えた直前に、さらに性能が上がるとの期待感から価格が急騰しました。

「ビットコインキャッシュの価格は、あと1年も経てばビットコインを追い抜くと思います。ビットコインキャッシュを使う人も、世界中でもっともっと増えると思います」

▼ そのように確信していらっしゃるのですね。

「二〇一七年に急騰率が最も高かった仮想通貨は、ビットコインキャッシュでした。二位がモネロで、三位がダッシュ。ビットコインコアも値段が上がっていますが、価格上昇率でいうと、四位以下です」

▼ 今、ビットコインとビットコインキャッシュは、一〇倍近い価格差が付いています。一年内に、ビットコインキャッシュが抜き去れるでしょうか？

「追い抜くと思います。なぜなら、ビットコインキャッシュこそ、本当のビットコインだからです。仮想『通貨』なんですが、通貨という意味では、今のビットコインは実力不足です」

【注】ハードフォークとは、該当仮想通貨のルールを変える際に旧ルールを無視し、新ルールを新たに適用することで旧ルールの互換性が無くなる事。ビットコインもビットコインもこのハードフォークを行っており、新しい通貨が生まれることにもなっている。

▼率直な失望の気持ちを伝えてくださってありがとうございます。ロジャー・ヴァーさんといえば、イコール・ビットコインというようなイメージが常に付いて回りますが、他の仮想通貨についてはどのような印象をお持ちなのでしょうか。たとえば、（仮想通貨界の時価総額二位）イーサリアムについてはどう思われますか？

「イーサリアムを開発したのはヴィタリック＝ブテリン君ですが、彼は本当のところはビットコインのブロックチェーンシステムの上で、仮想通貨を動かしたかった。だけど、ビットコインコアの関係者たちに『そういう使い方は、やっちゃダメだ』と言われて、別でイーサリアムを創ったのです」

▼つまり、スマートコントラクト機能などをビットコインに載せるのは邪道だということになっていたのでしょうか？

「そう、ダメだと言われたのです。あのとき、もし断られていなかったら、今ごろビットコインコアとイーサリアムは一緒になっていたと思います。もし、イーサリアムと融合していれば、送金処理スピードも向上しただろうし、いろんな機能が付いて選択肢も増えたでしょう。ビットコインコアにとっては、そのほうが

【注】「賢い契約」と訳されるスマートコントラクトについての定義は曖昧なものですので議論が分かれますが、「自動契約執行ロボット」と言えます。例えば、ブロックチェーンに契約を書き込み、日時を指定しておけば、その日時までに決められた金額が払われなければ売り物の所有権を移転させませんし、支払ったのにも関わらず所有権が移転されなければ自動的にお金が返却されたりすることを定義することができたりします。

よかったし、価値も今よりどんどん上がっていたでしょう」

▼ブテリン氏も、ロジャーさんと同様に、ビットコインに魅せられたひとりですね。

「そう、本当はビットコインの上でイーサリアムが動いたら、ビットコインの価値はもっと上がっていたでしょう。だけど、ビットコインコアに関わっている人たちから見たら、イーサリアムはまるで科学実験、社会的実験をしているようにも思えたかもしれません。おもちゃみたいだと」

▼イーサリアムも革新的すぎて、なかなか理解されないことがありますね。

「ビットコインコアは、もっと実際に使える通貨になってほしいです。そして、ビットコインキャッシュは、世界中の人たちのためのお金になってほしいし、それがベストな道だと信じて、そのために頑張っています。私はbitcoin.comの社長だけど、サイトは全部、ビットコインキャッシュについての記載に書き換えました」

▼ビットコインキャッシュのほかにも「ビットコインゴールド」や「ビットコインキャ

ッシュプラス」など、ビットコインから分裂（ハードフォーク）した仮想通貨がいろいろ出てきています。いわば「ビットコイン兄弟」「ビットコイン姉妹」といえるでしょうが、これらはビットコインキャッシュよりも機能的に優れている可能性はあるのでしょうか？

「技術があれば誰でも新しいコインは創れてしまうのですが、『ビットコインキャッシュプラス』とか、意味がよくわからないですね。ビットコインから分裂したような仮想通貨は、ただ自分の主張を通したい、問題を起こしたいという目的しかなく、世の中にただ混乱を生じさせているだけ、駄々を捏ねている問題児のようなものです。いちおう仮想通貨ではありますが、新たな価値を何も生んでいないと思います。なので、支持していません」

▼ビットコインキャッシュも同様に、ビットコインから分裂してできたわけですが、ロジャーさんはこのことを支持しているわけですね。

「そうです」

▼ビットコインキャッシュの誕生を先導した人物に中国の有力なマイナー（仮想通貨の取引情報である数百～数千のトランザクションをまとめて、過去の取引台帳と矛盾がないか、超高性能のコンピュータで承認する作業を担当する業者）のひとりであるジハン＝ウー氏がいらっしゃいますが、彼は例外的に、ビットコインに代わる新たな価値を生み出したとお考えでしょうか？

「はい、ジハン＝ウーさんは、世界一のビットコインマイニングの会社を運営していまして、学生時代、大学で経済学を専攻していたそうです。だから、現在や将来の通貨のあるべき姿について、私と彼は近い考え方を持っています」

▼どのような考えで一致しているのか、教えていただけますか？

「ビットコインは、クリプトカレンシーです。カレンシーは『通貨』です。データのおもちゃじゃありません。通貨として、ビットコインキャッシュはビットコインを上回ったと考えています。特に送金手数料ですね。私が日本円で六〇〇〇万円ぐらいのビットコインキャッシュを送金したとき、手数料は1ドル以下でした。すごく安心できます。ビットコインコアなら一〇〇ドル超えていたと思います」

■ＩＣＯを政府が禁止するのは、民主的でない

▼資金調達の手段としての仮想通貨であるＩＣＯについては、どうお考えですか？　ＩＣＯの魅力と、ＩＣＯを進めるにあたってのポイントについてお聞かせください。

「ＩＣＯがない時代ですと、ベンチャー企業の新たな取り組みに対して投資をすることが難しかったです。できるとすれば、上場された新興株を買うぐらいですが、ある程度まとまった資金が必要ですし、企業にとっても証券取引所の審査が必要なので、ハードルが高いです。しかし、ＩＣＯのおかげで、企業や個人の新しい挑戦に対する応援を、もっと気軽にできるようになる。誰でも応援に参加できる。それは素晴らしいことだと考えています」

▼ということは、ＩＣＯも、世界中の人々をさらに自由にする存在であると考えていいですか？

「はい、ＩＣＯのおかげで誰でも自由に投資ができるようになります。世界中の人々が、どの会社のプロジェクトを応援したいか、自由に選べるようになります。しか

も投資へのリターンについて、忙しいベンチャー企業の人たちが頭を悩ませたり、ベンチャーキャピタルの人々が管理したりするのに、手間と時間を割かずに済みます。株式なら、配当や株主優待などのリターンがありますが、ＩＣＯなら、トークンそのものの取引価格の上昇がリターンになりうるのです。そのことも、挑戦を続ける企業にとって大きなメリットだと思います」

▼ＩＣＯに適している業態というのは、仮想通貨の専門家であるロジャーさん自身はどのようにお考えですか、あるいはＩＣＯに適していない業態はあるのでしょうか？

「ＩＣＯに向いているのは、たとえば証券会社のような企業かもしれません。先物取引などのデリバティブ取引も含めて、様々な価値を流通させる企業がＩＣＯをすると面白いと思います。ただし、法律の規制が厳しいかもしれないので、その点には十分に気をつけてくださいね(笑)」

▼そういった経済的な価値のある有価証券が、ＩＣＯでブロックチェーンに繋がることによって、ウソやインチキを混ぜられなくなるということでしょうか？

「そういう意味もあります。兼元さんが応援するICOプラットフォームであるWowooや、仮想通貨のWowBitも、そのような興味深い存在になると思います」

▼ICOが普及すると、世の中がどう変わり、どのようなインパクトをもたらすとお考えですか?

「会社の株式や社債などが売り出されている、証券取引所などの株式市場にアクセスすることは、一部の投資家はともかく、一般の人にとっては敷居が高く感じられることでした。小さな会社も上場が許されません。大きくなって成功した会社だけ上場できました。しかし、ICOによって、今まで投資に縁のなかった人にとっても、その道程が一気に身近になっていくと考えていますし、小さなベンチャー企業でもICOを発行できるようになります。ICOのおかげで、出資する立場と出資される立場、双方の裾野が広がっていくと思います。ICOは株ではなく、通貨、お金のようなものですから」

▼現在、中国や韓国では、ICOが禁止、あるいは非常に厳しく規制されているのですが、そのことについてどうお感じになりますか?

「答えは二つあります。特に中国は凄く大きな国です。十四億人もの人々がいるのに、ごくわずかな政府の人々だけの意思でＩＣＯを禁止すると決めてしまいました。どうして？　ありえないでしょう」

▼たしかに、中国共産党のうち、わずかな数人の幹部党員だけで決定したのでしょうね。

「韓国も同じです。首都ソウルにいる、ごくわずかな政府関係者たちだけで一方的に決めた方針に、他の大勢の国民が従わなければならないのは悲しいです。政府の人たちと一般国民は、会ったこともしゃべったこともないのに、一方的に国全体のルールを決めるのはおかしいでしょう。日本でも同じですよ。今はＩＣＯがＯＫですが、もし、ＩＣＯはダメだって、勝手にたった五～六人で方針転換を決めて、国民が従わなければならないとしたら、おかしいでしょう」

▼国民の議論がまだ深まっていないにもかかわらず、一方的に政府がＩＣＯを禁止するのは、性急であるし、民主的なやり方ではないということでしょうか？

「そう、もちろんです。それぞれの人が、それぞれの人生を持っているのです。個人の人生は個人のもので、一部の人が強引に干渉すべきではありません」

▼もうひとつの答えは何でしょうか?

「そうは言ったけれども、刑務所に行きたくなかったら、偉い人たちが決めたルールは破らないほうがいいです(笑) それでも、ルールの決定方法がおかしい事実に変わりはありません」

■仮想通貨の種類は、どんどん増えていく

▼ロジャーさんが、これから取り組んでいきたいことや、将来へのビジョンがありましたら教えてください。

「世界中の政府は、通貨の発行を独占的に行っています。しかし、何の分野でも独占はよくありません。世界中の誰にでも、政府の発行したお金か、それとも、仮想

通貨か、どのお金を使いたいかを決める権利があります。ビットコインキャッシュなどの仮想通貨か、みんなが参加できるＩＣＯか、それとも政府がつくった従来型のお金か。そういう選択肢が増えていってほしいです。もちろん、ビットコインコアを使う権利もあります。手数料は高くて信頼性は下がっているけれども、もし使いたかったら、どうぞ（笑）」

▼将来、仮にビットコインキャッシュにも問題点が見つかったら、その問題点を解消していくことにフォーカスしていかれるのでしょうか？

「何にしても、便利だったら積極的に使ったほうがいいです」

▼ビットコインなどの仮想通貨と同様に、ＩＣＯトークンも通貨としてどんどん流通していくとお考えですか？

「それは間違いないです！　当たり前！」

▼これから、お金の種類がどんどん増えていくということですね。

「ＩＣＯも含めて、仮想通貨はどんどん増えていきます。だけど、最終的に、いいものだけが残っていくと思います。世界中の人たちが使いたくなる通貨が今後も増えていくのは間違いないし、いいことだと思います」

▼これから、兼元が率いるオウケイウェイヴの関連会社が、ＩＣＯのサービスプラットフォームを立ち上げますが、ロジャーさんも応援してくれますか？

「はい、とてもファンタスティックです。兼元さんは、もともとＱ＆Ａサイトの便利でハートフルな助け合いのプラットフォームを創って、長い間にわたって運営し続けてきたのですから……今後もきっと、素晴らしいＩＣＯサービスプラットフォームを創ってくれると信じています」

▼ちなみに、かつてオウケイウェイヴに投稿された「六ヵ月の自分の子供が嫌いになりそうです」という正直な質問と、その回答が素晴らしくて話題になり、最近、トヨタ自動車のウェブＣＭのモチーフにもなりました。ただ、多くの人々が共感する話題なのに、会社のバランスシートに反映されません。今後、ＩＣＯトークンを安価で誰でも買えるようになると、そのような資本主義のすれ違いが解消されていく

とお考えでしょうか?

「はい、常に、コンテンツから社会の価値が創られます。それは間違いないと思います」

▼ ビットコインキャッシュの価格は今も上がっていますが、ロジャーさんの日本語能力もグングン上がっていますね。通訳の出番がないぐらいです(笑)

「サンキュー‼」

あとがき

ＩＣＯ、ビットコイン、外貨送金、金融機関における顧客管理など、様々な用途、様々なシーンで、ブロックチェーンという言葉を耳にすることが多くなりました。

本書でもご紹介したとおり、ブロックチェーンは、書き換えのできない台帳管理技術をもとに、個々が自由につながれる社会の構築を実現します。これは、突き詰めれば個に権利を取り戻す、究極の民主主義をかなえる技術です。

宗教、出自、文化、思想といった、イデオロギーの追求が幾多の犠牲をもたらした20世紀を経て、われわれが生きる21世紀は、ブロックチェーンという新たな技術と邂逅することができました。これを単なる偶然ととらえるか、あるいは大いなる意思に基づく運命ととらえるか、ブロックチェーンをどう使うかで、人類の未来は大きく変わるのです。

何が正しくて、何が誤っているのか。何が善くて、何が悪いのか。善悪や正誤を判断するのは、本来、個々の価値観によります。

個々がつながることで、誤解、差別、不平等といった組織バイアスの弊害をなくし、物心ともに豊かな社会が実現します。

ブロックチェーン。この技術を正しく使うことができれば、自由、平和、公正さ、といった、人類にとってかけがえのない価値観を、我々の手に取り戻すことができます。

そしてＩＣＯは、そうした人類の挑戦を端的に表す軌跡であり、われわれの未来を占う重要な試金石です。

本書では、昨今注目を集めるＩＣＯの最新事例、そして実務的な手続きについて、可能な限りわかりやすく表現することを心がけました。言うまでもなく、資本主義の前提条件は政府の通貨発行権にあり、ＩＣＯは、その権利を事実上民間に移管することを意味します。ＩＣＯの実態を知ることで、良識のある利用者が増え、結果として倫理観を持った通貨発行者が増えれば、社会はきっと良くなります。

通貨発行権を民間に委譲するという、資本主義の概念を越えた壮大な社会実験が、願わくば人類の良き意思に基づき、より物心豊かで、より平らに和らぐ世界に貢献しますよう。その流れに本書が資するとすれば、著者冥利に尽きる次第です。

本書が世に出るまでに、多くの皆様より多大なご支援を頂きました。

まずロジャーバーさん。共著者として本書の執筆・取材にご協力いただきましたこと、心から感謝いたします。

そしてＩＣＯに挑戦するWowoo Pteはじめ、オウケイウェイヴグループ社員の皆様、編集協力を頂いた長嶺様にも深く感謝いたします。

ありがとうございます。

兼元 謙任／松田 元
二〇一七年十二月九日

著者プロフィール

ロジャー・バー　Roger Ver

シリコンバレーで多くの企業を立ち上げ成功させた後、同氏は2011年2月という早い時期から仮想通貨ビットコイン世界に身を投じた。

従来のベンチャーキャピタル会社がこの業界に関心を示し始めた時期よりも数年早く参入し、同氏はビットコインなどの仮想通貨フィンテック関連の新興企業への投資を行った世界最初の人物になる。

現在同氏は、マイニングも手がけているビットコイン総合企業Bitcoin.com、大手ウォレットのBlockchain.com、ウォレットとカード決済を手がけているBitpay.com、取引所Kraken.comなどの株主となる。

オフタイムにはブラジル柔術の競技にも参加している。

兼元　謙任　Kaneto Kanemoto

OKWAVE.社代表取締役社長CEO。

同社は日本最大のQ&Aソーシャルコミュニティの1つ。同社のビジョンはコミュニティを通じたユーザーの相互支援を促進することであり、有名人のQ&Aサブスプリクションサービスを運営し、日本で最大の市場シェアを有する企業向けカスタマーサポートソリューションを提供している。

OKWAVE.社は2006年6月に名古屋セントレックス市場（3808名古屋）に上場。愛知県立大学美術学部の学士号を取得。

【兼務】bread（スイス、チューリッヒのBreadwalletの提供者）理事／日本経済新聞社監査員／世界食糧計画協議会（JAWFP）

松田　元　Gen Matsuda

実業家、投資家。長崎県長崎市に本籍を有し、1984年2月11日、神奈川県鎌倉市で生まれる。

早稲田大学商学部卒業。在学中より学生ベンチャーを創業。同時期、複数のベンチャー企業におけるインキュベーションを実施。

卒業前の2006年2月、アズ株式会社を創業。2012年にアズグループホールディングス（現：アズホールディングス）株式会社設立、代表取締役就任（現職）。

2016年8月に株式会社創藝社代表取締役に就任（現職）。2017年9月に株式会社オウケイウェイヴ取締役に就任（現職）。

地域おこし事業として、佐賀県三養基郡みやき町と連携協定を締結し、みやきまち株式会社代表取締役も務める（現職）。

2017年12月に、OKfinc LTD CEOに就任（現職）。出資先であるWowoo Pte.の事業開発、技術開発支援を担う。

武蔵野学院大学、九州大学、早稲田大学等で、ビジネス／コミュニケーション／起業をテーマとし、講師を歴任。

2016年2月24日には、衆院予算委員会における中央公聴会において、最年少公述人として日銀の金融政策に関する意見を述べる。

世界は逆転する！　仮想通貨サービス・ICO で世界を変える

2018 年 1 月 11 日　第 1 刷発行
2018 年 2 月　3 日　第 2 刷発行

著　者 ──────── ロジャー・バー／兼元謙任／松田元
発行人 ──────── 松田　元
編集人 ──────── 山本 洋之
発行所 ──────── 株式会社 創藝社
〒162-0825 東京都新宿区神楽坂 6-46 ローベル神楽坂 10F
電話：03-4500-2406　FAX：03-4243-3760
カバーデザイン ──── スマイルファクトリー
編集協力 ──────── 長嶺 超輝
印刷所 ──────── 中央精版印刷株式会社

ISBN978-4-88144-241-8　C0033